메모중독자

박헌규 시집

메모중독자

시인의 말

나는 이 시집이 아니 이 글자조합집이 끊임없이 열리는 겹낫표이길 바랐다. 끊임없이 닫히고 열리고 닫히고 열리며 끝내 닫히지 않는 겹낫표이길 바랐다. 아니 바랐던 것 같다. 이 글자조합집의 글자조합물은 詩라기보다 어떤 언표들의 몸짓이고 그 몸짓마저 희석돼버린 어떤 몸짓들이다. 그 몸짓들마저 희석돼버린 그 어떤… 그러니 나는 이 詩의 시인이 아니라 이 글자조합물의 글자조합자이고, 이 글자조합자를 조합하는 자아이고, 자의식이고, 과잉이자 과잉이 아니고… 끊임없이 닫히고 열리고 닫히고 열리는 완결되지 않는 어떤 흔적이다. 그 '흔적'을 어떻게 벗어날 것인가, 그 흔적은 얼룩이다 흔적이고 얼룩이다 흔적이 아니고 불안이 아니다 결국 불안이다. 어떻게 그 '불안'을 벗어날 것인가.

사랑을 베풀어주신 분들이 많다. 그분 한 분, 한 분께 감사함을 표할 길 말로 다할 수가 없다, 없다, 없다라고 중얼거리며 나는 또 이런 말도 안 되는 영육(靈肉)을 옳은 길로 인도해주시는 김영승 선생님께, 이런 말도 안 되는 실험을 북돋워주시며 보편성의 詩 역시 당부해주신 박찬일 선생님께, 이런 말도 안 되는 글자조합집을 새로운 판형으로 펴내주시고 표지를 만들어주신 원구식 선생님께, 이 졸저의 해설을 맡아 고생을 한 박동억 평론가님께 **이 세계의 끝이자 시작** ── 텍스트는 그 발화된 세계가 창조적 끝인 동시에 『그』와는 다른 유사한 지각(知覺)의 시작이므로 ── **인 그 모든 텍스트와 그 모든 목소리에게** 감사의 말씀을 드리고 싶다. 그리고 아버님, 어머님께 감사의 말씀을 올리고 싶다.

2020년 여름
박헌규

차례

● 시인의 말

제1부

누워 있는 나무 ──── 12
밑바닥 광대 ──── 13
메모중독자 ──── 16
옅어지는 내가 지는 해를 바라보고 바람에 흔들리는
나뭇잎 그림자를 바라본다 옅어지는 내가 옅어지는 내가 ──── 19
우산을 들고 아무도 우산이 없다 ──── 22
없는 내가 없는 머리 뒤로 휙휙 ≫검은 빛≪ 던진다 ──── 26
물 위에 먼지들이 박혀 있다 ──── 28
희망 장례식 ──── 29
그레고르 롤러 ──── 33
방충망 한칸 열어젖히고 ──── 34
손아귀 속의 러너 ──── 36
피투는 말한다 ──── 38

제2부

펫빛펫빛 ──── 44
하느님에 對해서 난 할 말이 없다 ──── 46
죽은 카나리아 들고 ──── 48
[틀]을 바라보는 기관뿐인 人間의 모노드라마 ──── 50
나는 이 詩를 분할하지 않고 원통형 우주로 하겠다 ──── 55
모자 ──── 58
손가락 만보객 ──── 59
약을 먹은 게 분명합니다 ──── 62
나는 내가 떨어지고 있다 생각하는데 ──── 64
'노(櫓)'랄 것 없이 ──── 66
나무와 좀비 ──── 68
태양을 격발하다 ──── 70
garbage collector ──── 72

제3부

BURN아웃물질… ─── 86
둔기아파트 1601호 혹은 1806호 ─── 88
언어조련사 루티노 ─── 90
머나먼 접시 ─── 94
공원 벤치가 나를 문다 ─── 98
아, 주형(鑄型)은 어디에… 그 밖의
'그' 안의 주형은 어디에… ─── 100
존재가 유리문에 비치는 것보다 가까이 있음 ─── 102
안경이 동공을 쓰고 누워 있다 ─── 104
먼지 ─── 106
헐값 노동자 ─── 108
A ─── 109
지휘봉 ─── 110
人間비탈 ─── 117
原本에 관하여 ─── 118

제4부

原本에 관하여 ──── 122
뿐도氏의 눈빛 제스추어는 무엇을 갈망하나? ──── 124
하느님이 〉기관〈 같지 않다? ──── 127
…첫 문장이 생각나지 않아도 좋아 ──── 128
비린내 나는 풍경을 쓰자고
죽은 물고기를 들여놓지 않습니다 ──── 132
낌낌 껌껌 끔끔 큼큼 ──── 134
내가 나라는 것을 기억하지 못하는 것이…… ──── 136
(((PARKER))) ──── 138
망각의 막간극 ──── 139
움직이고 나면 ──── 152
詩라는 빵에 대하여 ──── 154
묘비명은 비어 있습니다 한 번도
당신은 새겨진 적이 없습니다 ──── 155

▩ 박헌규의 시세계 | 박동억 ──── 156

제1부

누워 있는 나무

저 누워 있는 나무는 뽑힌 나무인가, 심겨질 나무인가
누워 있는 나무는 누워 있는 나무로 돌아가고
나는 나로 돌아가는 나를 바라본다.

이 양광에 얼굴이 나무 위로 비치고 또 비치고
이 양광은 구름 뒤로 숨는다. 어느새 보도블록은
다 깔리고 벽돌을 건네던 인부는 어디로 갔나.

나무는 누워 있는 나무를 바라본다. 나는 태양은
자루를 풀어 나무를 이 음악을 바라본다.
나를 듣는 음악이 나무를 바라보는 것이다.
나무가 심겨질 땅도, 나무가 뽑힌 땅도

발목을 덧대고 바 테이블 유리창에 떠 있다.
나무는 발목을, 뿌리가 발목이라면
뿌리가 둥근 저 흙덩이가 발목들이라면
그 위에 발목 대신 자루를 얹고 누워 있더라.

나무가 누워 있는 저 나무가 무슨 화학식 같고
세상에 없는 원소 같고 일란성쌍둥이 같고
보도블록에 놓인 흘러가는 물 같구나.

밑바닥 광대

상투적이지만 타자기가 있으면 작은 지하방이 마련돼야 한다.
흔들리는 전등, 모자, 불빛을 쓰고 흔들릴 준비를 마친
숨소리가 준비돼 있어야 한다. 전깃줄이 목을 매고 남을 만큼
넉넉해야 하고 바닥은 그 길이만큼 드높아 끝을
가늠할 수 없어야 한다. 전등과 타자기, 심문받는 자와
심문자, 끝을 가늠할 수 없는 사방, (손)의 것인지
(곳)의 것인지 구분할 수 없는 숨소리, 아무 활자도 박히지 않은
타자지(打字紙), 모자 외형으로 쌓인 먼지들, 흔들리는 불빛을 쓴
(곳)이 있어야 하고 (곳)의 얼굴이 밝아올 즘이면
(손)의 얼굴이 밝혀져야 한다. 전등은 흔들리며 (손)이 되었다,
(곳)의 모자가 되었다 심문받는 자의 목을 감을 전깃줄이
심문자의 목을 감을 전깃줄로 쓰여야 한다. (곳)을
내려다보는 모자의 광대, 밝아져 오는 얼굴을 올려다보는
(손)의 광대 그 누구도 길게 늘어뜨린 불빛의 천장에 대해,
밑바닥으로 드리운 음영에 대해 어떤 의사표시 눈빛도
던지지 말아야 한다. 조서가 시작되지 말아야 하며
환한 모자의 침묵이 흔들리는 먼지와 같이 작은 지하방의
지각(知覺), 느낌, 시선으로 앉으면 침묵을 견디지 못한 (손)이
모자의 표정, 말투, 몸짓으로 앉아야 한다.

(곳)은 타자지 위 먼지가 딛고 있는 발이 있는지 딛을
바닥이 있는지 (손)의 표정, 말투, 몸짓으로 진술치 말아야 하며

(손)을 이루고 있는 (곳)이 흔들리는 지각, 느낌, 시선이어야 한다.
　　(손)은 분개하는 표정, 말투, 몸짓을 좇아 떨어뜨릴 고개조차
　　바닥났다는 듯 가슴과 합체된 고개마저 떨어뜨려야 하고
　　작은 지하방의 지각, 느낌, 시선을 좇아 이 조서를 완성해야 한다.
　　타자기는 (곳)과 (손)의 거울로 작용하며 번복된 진술이 하얗게
　　이를 드러내면 미수에 그친 (곳)이 손이든, 멜빵이든, 전깃줄이든
　　「밑바닥 광대」를 당장 끝내야 한다. 타자지엔 어떤 활자도
　　박히지 말아야 하며 한 점 먼지 없이 말끔한 먼지들, 흔들리는 모자로
　　떨어지는 순백사상(純白思想)들 그 낱낱 〈진술〉이
　　그 낱낱 〈모자〉라도 되는 양 뿌옇게 박혀 있어야 한다.
　　먼지는 어떤 활자도 재현하고 있지 않지만 흔들리는 불빛으로써,
　　환한 모자의 잔상(殘像)으로써 타자지의 지각, 느낌, 시선을 좇아
　　작은 지하방의 밝음과 광대 — 밑바닥, 밑바닥 광대가 존재한다면 —
　　그 웃음에 대해 진술치 말아야 한다.

　　상투적이지만 타자기가 있으면 마주보는 (곳)이 사방 준비돼야 한다.
　　바깥이라는 것의 바깥이라 짐작되는 칠흑 너머 (손)이 — 예리한 주름의
　　층(層)처럼 갈라지는 〈전등〉〈모자〉〈불빛〉이 — 한낱 숨소리뿐이란
　　사실을 「밑바닥 광대」는 새어 나갈 수 없는 주름으로 웃어보여야 한다.
　　닿지 않는 바닥으로부터 웃음을 발버둥 치든, 발버둥 치며 웃음 짓는
　　타자기의 주름을 발버둥 치든. 목을 맨 그림자가 서서히 어두워지는 등(燈)
　　과 함께 올라갈 때, 막이 내려와 다시금 무대를 차단해야 한다.

관객들은 기계신(機械神)*으로써, 「밑바닥 광대」와 마주한 모자로써, 불빛으로써 그림자와 함께 상승하는 동시에 아득히 떨어지며 마땅히 그 죄여듦**을 끊어야 한다.

죄여듦? 사실 붙들 목조차 없었으니까, 손조차 발버둥 칠 무게조차 입술조차 웃어보일 주름조차 없었으니까. 전깃줄조차 멜빵조차 밑바닥조차 기계신들을 마주한 기계신 **그**(숨소리조차 그) **숨소리조차**

---

* Deus ex machina : 기계로부터의 神.
** '죄어듦'이 옳으나, '죄여듦'으로 했음.

메모중독자

검은 땀이 한 땀 한 땀 등줄기를 포획하고 있습니다.
한 땀 한 땀 검은 땀 감옥이 솟아오릅니다.
당신은 검은 땀으로 포획된 인간
끝없이 하늘로 떨어지는 것 같습니다.
검은 땀 감옥에서 빨리 나와! 윽박지르던 그인데
솟아오르고 떨어진 하늘에서 떨어지고
솟아오르고 다시 떨어지고 솟아오르고
검은 땀 감옥 손에 꼭 붙잡힌 검은 땀 인간이
이제는 당신 손을 놓아주는 것 같습니다.
수평으로 가볍게 흔들리는 그 손에서
끝없이 미끄러지는 것 같습니다.
모자를 벗어 크단 반원을 그리는 검은 땀 인간
머나먼 작별의 표시입니까, 머나먼 초대의 표시입니까
검은 땀 감옥 냄새가 코를 찌릅니다.

웃음 짓는 그의 모자 속으로 당신은 침입되지 못합니다.
그가 당신의 환영(幻影)이면서 당신이 그의 감옥인 까닭입니다.

검은 땀 감옥과 당신 그리고 검은 땀 인간 사이
모종의 알 수 없는 미소가 흐릅니다.
모종의 알 수 없는 미소가 당신 입가에서
검은 땀 입술로 옮아가는 것 같습니다.
검은 땀 감옥이 그 웃음의 힘으로

등줄기에서, 손금 위에서 드높이 솟고 있습니다.
하늘의 깊디깊은 바닥을 뚫고 있습니다.
당신은 영영 침입되지 못합니다.
그의 감옥, 그의 간수로 열쇠 꾸러미가
한 접시 물처럼 수인번호 품에서 찰랑댑니다.
두개골로 크단 반원을 그리며
검은 땀 인간은 당신을 반기고 있습니다.

두개골까지 벗어 크단 반원을 그리던 제스처 속으로
웃음 짓는 그의 모자가 영영 당신을 반기고 있습니다.

발파공사 중단하라! 잠 좀 자자!
원고지 칸칸 펄럭이는 저 절규 좀 보세요.
다시 발파공사가 시작된 모양입니다.
검은 땀 인간이 검은 땀 감옥을 삐질삐질
가두어 두고 어느새 당신을 풀어주는지,
검은 땀 감옥이 검은 땀 인간을 삐질삐질
풀어주고 어느새 당신을 가두어 두는지.
검은 땀 감옥과 당신이 조우(遭遇)할 두개골 철로를 위해
검은 땀 인간이 구상 중인 역사인 모양입니다.
머리가 퍽퍽해, 혀가 퍽퍽해, 손이 퍽퍽해,
퍽퍽하다는 건 목이 멘다는 것.
머리가 메고, 혀가 메고, 손이 멘다는 것.

손은 혀로, 혀는 머리로, 머리는 검은 땀방울 철로.......................

....

....

두개골 철로는 귀 막은 글자시민에겐 보이지 않는다 합니다.

깊디깊은 하늘과 높디높은 지하의 두개골 역사 완공되는 날

우리 두개골 역장님께 봉헌(奉獻)드려요!

옅어지는 내가 지는 해를 바라보고 바람에 흔들리는 나뭇잎 그림자를 바라본다 옅어지는 내가 옅어지는 내가

나는 손이, 그와 같은 손이 있네. 그에게는 내가 무수히 있지. 아니 난 한 사람이라 생각해. 나에게는 그의 손이 무수히 한 사람 있어.
  한 사람, 한 사람 그의 손이 날 써내려가. 내가 그의 손으로 써내려가듯
  그에겐 입이 있어, 나와 같은 입이 있지. 내 손과 입이 그의 허기였을까, 허겁지겁 처넣던 손과 입이, 이젠 움직일 수조차 없는 손과 입이
  그의 허기였을까. 허기 같은 건 느껴지지 않아. 그의 뱃속 같은 건, 칠흑 같은 건. 그의 뱃속을 생각지 마. 그의 칠흑을 옮겨놓지 마. 그의 뱃속에서 나는 눈뜨고 있지. 크게 더 크게 그가 내 허기인 양
  그가 날 뜨고 있다 생각지 마. 그의 칠흑을 뜨고 있는 내 얼굴을, 그의 허기를 뜨고 있는 네 허를.

나에게는 혀가 있네. 그의 혀로 말 못 하는 혀가 있지. 이 목소린 누가 써내려가나, 몸짓 발짓 듣지 못하는 귀가 나에게도, 그에게도 한 벌씩 있네.
  뱃속에서 크게 더 크게 눈뜨고 있는 허기가, 말 못 하는 허기가
  나에게도 있네. 눈뜨지 마, 눈뜨지 마, 나에게는 눈 못 뜨는 크나큰 칠흑이 있어. 뱃속에서 뭐라 뭐라 떠들어 대는 그의 혀가, 손이, 펜대머리가 움직여. 그 안의 내 안 그 어느 누가 바깥인지,
  그 어느 누가 뱃속인지, 그 어느 누가 크게 더 크게 눈 감고 있는지. 나는 손이 있네, 그에게도 나를 닮은 크나큰 손이 있어. 나무가 있지.

  나는, 그의, 손아귀에, 잡혀, 있어, '그'라고 하는 것. 나무? 아, 이 햇빛 냄새… 그가 기계일지 모른다 생각해. 하늘 공장인지 모른다…

나는, 그의, 손아귀에, 펜대처럼, 잡혀, 아, 나는 그의 일부, 그의 전체이자 그의 중심. 그가 내 일부인지 모른다… 내가 그 일부로써 이 목소리를…

나는, 그의, 손아귀에, 잡혀, 있다, 생각해. 아, 이 햇빛 냄새… 아, 이 뼈쩍 곯은 하늘 냄새… 아, 나는, 그의, 손아귀에, 잡혀, 그의 팔인 양, 펜대인 양, 잉크인 양, 피인 양… 그 피는 누구도 읽을 수 없지.

바깥이 이미 피인 이상, 황혼인 이상… 피가 황혼이라니 어쩔 수 없잖아. 아, 이 햇빛 냄새… 누가 그의 손아귀, 그의 손아귀로 이 목소릴 써내려가나, 뼈쩍 곯은 직공도 없이… 쪼개진 몸뚱어리, 몸뚱어리 울대도 없이… 하늘도 없이… 공장도 없이… 神이? 느려터진 神의 손이?

아, 이 햇빛 냄새… 그의, 손아귀에서, 나는, 바닥났지, 바닥났어. 새가 피를 바닥내듯, 희미하게 깜박이는 저 마천루(摩天樓)가

유리벽으로 물드는 황혼, 황혼을 긁어대듯, 나는, 바닥났어, 바닥났지. 체념 같은 건 어쩔 수 없잖아. 붉게 물드는 체념 같은 게,

체념 같은 게 있다면 말이야. 나는 그 피에 취해 사라지지. 나는 저 나무, 저 바람. 그래, 그럴 거야. 아, 이 햇빛 냄새… 그의, 손아귀에서,

벗어나듯, 나는, 그의, 손아귀로, 쥐어 쥔, 그의, 손아귀로, 쥐어 준. 아, 이 세계라는 뼛가죽 공장, 아, 이 세계라는 뼛가죽 햇빛. 어디선가

돌아가는 이 몸뚱어리가… 그의 손아귀인 이상… 그의 부품인 이상… 피인 이상… 무슨 말이… 무슨 말이 필요하랴……

내가 유리벽으로 뒤틀린 태양인 이상… 황혼의 황혼의 0교대 직공인 이상… 내가 그의 손아귀인… 그가 찾아 헤매는… 그가 망각한 부품인 이상… 생산해내는 생산되고 있는지 망각한 부품인 이상… 여전히
　작도(作圖)되는… 神의 으깨진 손인 이상… 무슨 말이… 무슨 말이 필요하랴…… 아, 이 햇빛 냄새… 아, 이 나무 냄새… 나무?
　나무가 그인 나무인 이상… 삐쩍 곯은 새인 이상… 확신하는 동안… 내가 그의 가지이며 이파리인 이상… 이파리에 쥐어 쥔 이파리… 이파리인 이상……

우산을 들고 아무도 우산이 없다

한바탕 눈발 휘몰아치는 꿈일까,
팔딱이는 저 가슴이 폭설이라 해두자.

눈발 속으로 날아가는 저 새가 꾸는 꿈이라
한바탕 꿈으로 지워질 폭설이라 해두자.

내가 활자로 휘몰아치는 눈보라?
내가 의문부호로 휘몰아치는 꿈?
나는 그 의문부호 달린 문선공(文選工),
플라스틱 화분에 심겨진 빨간 팬지.

눈물 한 방울 맺히지 않는 한 방울 눈물 ──
그 투명한 맥박이 모래알에 들려 있구나.

머릿속을 누가 바삐바삐 걸어가나,
누가 바삐바삐 폭설이다, 폭설이구나.

누군가 머릿속 눈길 자르는 소리
오, 폭설이다, 폭설이구나.

한쪽 손을 매트리스에 올려 두고
그 밑에 벌레가 있는 양 죽은 벌레겠지.

내가 죽은 나 위에 한쪽 손을 올려 두고
매트리스 귀퉁이 손을 올려 두고

그 올려 둔 손을 또 다른 매트리스 귀퉁이 손 위에
가만히 올려 두고 벌레겠지. 죽은 나이거나
머리가 귀인 죽은 나의 새이거나

오, 폭설이다, 폭설이구나. 붉은 벌레겠지.
눈발이거나, 나이거나, 그 세계 위에
올려놓은 손이거나, 벌레겠지.

매트리스 귀퉁이 손을 가만히 올려 두고
그 손이 숨죽인 벌레라 생각한다.

오, 폭설이구나, 폭설이다. 붉디붉은 벌레들, 손들, 당신들,
오, 폭설이구나, 폭설이다. 죽은 벌레겠지. 당신이거나

붉디붉은 몸뚱어리거나
오, 폭설이구나, 그런 말들이거나
그런 폭설, 그런 날씨, 그런 몸뚱어리거나

오, 폭설이구나, 폭설이다. 벌레이거나

폭설의 당신이거나, 붉디붉은 귀퉁이 손이거나
매트리스 손이거나, 나는, 손의 주인은,
그래! 폭설이다, 폭설이구나.
붉디붉은붉디붉은 벌레들, 벌레들이구나.
벌레가, 벌레가 폭설, 나, 나의 주인! 붉디붉은 손!

오, 폭설이구나, 폭설이다. 오오, 폭설이다, 폭설이구나.
나는 어디로든 휘몰아칠 수 있다! 휘몰아치지 않는다!

휘몰아치지 않는 것이 휘몰아치는 것!
휘몰아치는 것이 휘몰아치지 않는 것!

그 붉디붉은 눈발이 '나'다, 내가 꾸는 꿈이다.

트라고 볼보 만 스카니아, 세계를 다시 조립할 것 가로수, 바람, 하늘, 이 날씨를 조립할 것. 그리고 꽃집, 통신사, 휴지로 쌓은 성벽(城壁), 조립되지 않는 눈물가루들아……*

나는 다시 조립될 것 바람과 가로수와 폭설과 이 세계와… 나는… 저 전파(電波)는… 빌어먹을 통신사, 꽃집, 휴지로 쌓은 성벽……

---

* TRAGO, VOLVO, MAN, SCANIA : 덤프트럭.

조립되는 것이 조립되지 않는 것!
조립되지 않는 것이 조립되는 것!

우산 아래 人間을, 태어나는 우산의 人間을, 붉디붉은 눈발을, 이 세계를

없는 내가 없는 머리 뒤로 휙휙 ≫검은 빛≪ 던진다

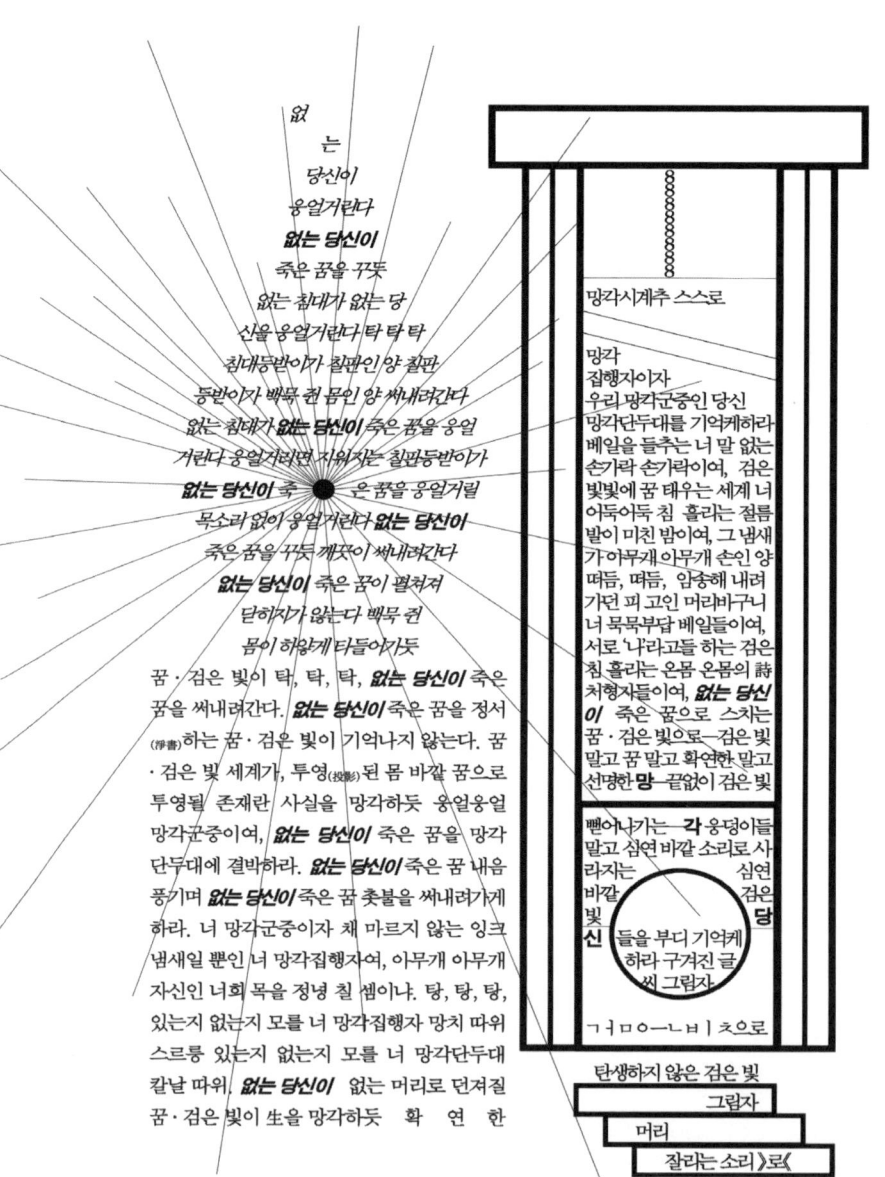

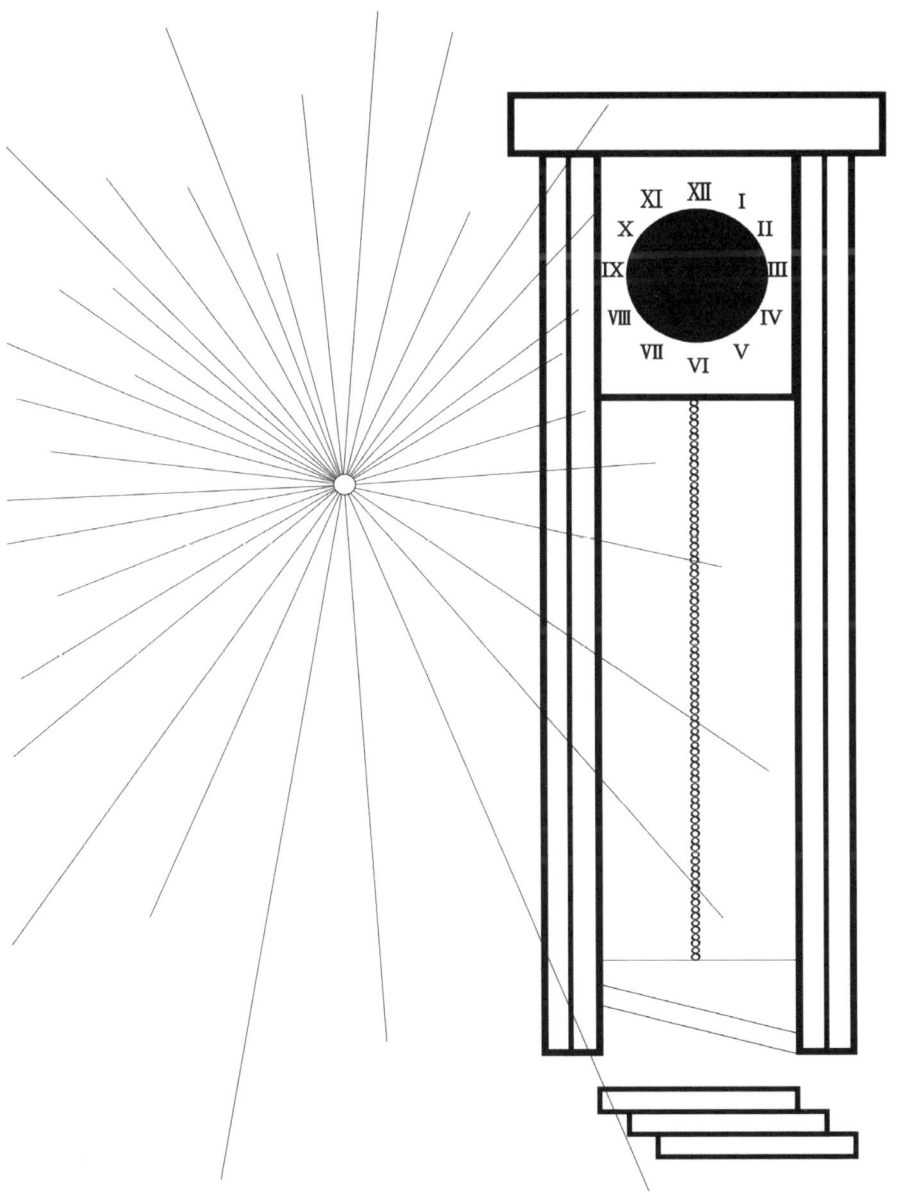

물 위에 먼지들이 박혀 있다

지붕처럼 한쪽 날개가 나오고
날개의 모가지가 나오고
벼락이 박힌 몸통이 나오고

물 위에 한 여자가 나와 있다.
가슴에 꽂힌 벼락을 꺼내자

배꼽이 혼자 불 켜고 있다.

연둣빛 벌레들이 물결보다
낮은 음계로 박히고 있다.

먼지는 온몸이 발톱이다.

희망 장례식

십자조종간은 바라본다, 십자조종간이, 십자조종간을 바라본다.

내가 있다. 의자에 앉아 있다. 테이블에 팔꿈치를 대고 앉아 있다. 턱을 괴고 있는지, 글을 쓰고 있는지, 스탠드 불빛을 바라보고 있었는지 기억나지 않는다.

먼지는 빛의 무게 위에서 태어난다. 먼지는 실인가, 몸은 먼지 아닌가.

몸을 털 필요가 있나, 세탁기가 돌아가다 돌아가지 않는다. 세탁기가 몸 아닌가, 먼지 아닌가. 다리가 돌아가다 발목이, 허리가 돌아간다. 팔이 돌아가다, 머리가 돌아가다…

하느님, 먼지가 실 아닌가요, 인형 아닌가요.

당신에게 건넬 줄인형은 잊기로 한다.

머리칼을 쓸어올린다. 이마에서부터
쓸어올려 정수리께 가선 한 움큼
쓸어올린 머리털을 붙들고
잘린 모가지를 생각나게 하는 것이다.
그 쓸어올림은… 잘린 머리로

바라보게 하는 것이다. 나는 감사드린다.
머리칼을 쓸어올리게 하는 그 손을…
관절 관절의 실을… 십자조종간을…
잘린 머리로… 잘린 모가지를
바라보랍시고 들이밀던 神의 얼굴을…

먼지가 개개(個個) 실 아닌가요, 곤두박질쳤다 뛰어올랐다 포복했다 사라지곤 하는 無더미 아닌가요.

손이 떨린다. 한계를 넘어서면 이 모양이다. 가슴이 떨린다, 머리가 떨린다. 세탁기가 없는데 세탁기가 돌아간다. 세탁기가 없는데 거대한 세탁기, 거대한 세탁소가…

손이 떨린다. 떨리는 손으로 덜덜거리는 문을, 비닐에 싸인 정장을…

희망 장례식에 간다. 희망이 죽었나요, 희망이 관념인가요, 희망이 관념이나 될 수나 있나요. 희망이, 희망이, 희망의 장례식이라니, 조각상을 지난다. 〈희망 장례식〉

희망이 장례식을 거행한다, 〈희망 장례식〉이 아니고 희망이 〈장례식〉을 거행하는 것,

오, 나락이여, 희망 장례식이여, 빛의 무게에 짓눌려 태어나는 실의 몸이여, 줄인형이여, 별모양 뿌리여. 별모양 뿌리는 불가능하다. 별모양 줄기, 별모양 잎맥이 불가능하다.

언어는 돌멩이니까, 언어가 돌멩이로 돌아가는 피니까, 피가 얼룩이니까, 돌멩이가 피칠한 빛이니까, 돌멩이가 별모양 뿌리, 이 지상, 불가능한 그물이니까.

확실한 건 그물 뒤로 물렁물렁한 무대가 연결돼 있었다는 것. 물렁물렁한 무대는 확실하지 않다.

확실한 건 테이블이 있고 내가 있고 의자가 있었다는 것, 그리고 내가 테이블에 앉아 있었다는 것. 내가 테이블이 되고 있었는지, 내가 되어가는 말들이 턱을 괴고 있었는지

손가락이 흩어진다, 한계를 넘어서면 이 모양이다.

언 손이 언 손을 찾는다. 헤맨다. 먼지가 시리디시린 목소리 실 아닌가요, 한 코오 한 코 투명한 목소리 살 아닌가요.

손을 느낄 수가 없다. 뿌리나 줄기 같은 건 아니었다. 확실한 건 뻗어 나가는 그 빛 위로 나-테이블이 연결돼 있었다는 것.

확실한 건 원구(圓球)의 형태로 —— 흐린 원구의 형태로 뻗어나가고 있었다는 것, 그물 뒤로 빛 같은 게, 테이블 같은 게 —— 형태가 흐린 원구의 형태로 뻗어나가고 있었다는 것. 이 말들도 확실하지 않다.

확실한 건 테이블 같은 게, 나 같은 게 있었다는 것. 그리고 그물 뒤로 —— 확실한 건 그물-그물-그물 뒤로 흐린 원구의 형태로 연결돼 있었다는 것. 나 같은 게, 테이블 같은 게, 점막의 무대 같은 게 —— 단일한 유동체(流動體) 속으로 ——

그레고르 롤러

　　인간이 지겨워요. 등짝에 탈장처럼 인간을 매달고 누구도 내 노래를 들어줄 순 없나 봐요. 팔에서 팔로 카트바퀴 달린 듯 부탁은 여기, 파프리카는 여기, 풍뎅이 젤린 여기, 나는 롤러도 없는데 캐셔들이 '롤러'라 불러요. 어떤 캐서는 나보고 시슴이래요. 치렁치렁 뛰어다니는 게 시슴 같다나, 그래요, 나는 시슴대가리 사슴모가지 없이 육각크롬울타리에 갇혀 혈변 싸는 코카*예요. 내가 기르는 롤러예요. 아, 갈증갈증 이놈의 갈증은 자판기를 걷어차요. 포카리스웨트의 하양과 파랑 코카제로의 빨강 검정으로 난 지껄이고 있어요. 반쪼가리 컷터 그 날로 쓴 볼(Ball)빠진 정신으로 —— 까대기**하고 비워지는, 까대기 하고 비워지는 〈나〉라는 구매자와 〈나〉라는 생산품으로 —— "버려주세요,…어서오세요,…감사합니다,"

　　일렁이는, 불 밝혀 돌아가는, 그러나 일렁이지 않는 흑백세목(黑白細目)들로… 불지 않는 FAN, FAN, 프랙탈(Fractal) 벌레 한 사람…… 움직일 듯 움직이지 않는 FAN, FAN, 프랙탈 벌레 한 사람…… 오, 흙도 없이 붉은빛 유충(幼蟲)이 귓가로 바글거려요. 오, 관(棺)도 없이 붉은빛 말들이 눈가로 기웃거려요. 팔방사방 훑는, 훑지 않는 아래 위 FAN, FAN, 프랙탈 벌레 한 사람…… "뭐 살 거 없나," 카트, 카트, 카트의 바퀴들이 밤낮으로 들락거려요. "잠이 안 와, 잠이 안 와." 어느덧 아침이에요, 새벽이에요. 매트리스가 뒤집어지고 팔의 갈퀴가 이불을 스치고 지나가요. 어느 날 아침 불안한 꿈에서 깨어났을 때, 한 마리 탈장으로 돌출된 그레고르-그레고르 롤러는 더 이상 미끄러질 침대가 없어요. 벌레가, 인간이 없어요. 나는 기뻐요. 하염없이 기쁘고 슬프지 않아요. 드디어 나는

---

* 스패니얼 견종.
** '상품 진열'의 은어.

방충망 한칸 열어젖히고

A를 지웠다. A를 지워버리기 위해, A를 제거하라는 지령(指令)을 전달하기 위해 지워지는 창을 지우고 지워지는 먼지를 지우고 지워지는 잿빛을 지웠다. 지워지는 하늘을 지우고 지워지는 골목을 지우고 지워지는 스웨터를 지울 땐, 조금씩 사라지는 A가 잘린 무릎 같았다. 밤이었으므로 잘린 오금이 실재 A처럼 보였으므로 A가 이미 밤이었으므로 잘린 발목마저 A 같아 보였다. A는 이미 사라진 것 같았다. 벌써 밤이었으므로 이미 지워질 대로 지워졌으므로 A는 이미 아침이 아니었다… A를 제거하라는 지령을 전달하기 위해 지워지는 아침을 지우고 지워지는 아침을 처먹는 먼지들을 지웠다. 먼지들이 A로 지워지는 잿빛벌레로 지워지듯, 초미립분쇄충의 날갯짓, 날갯짓들이 A로 지워지는 A들로 지워지듯 잿빛벌레이자 먼지들인 A를 지우고 지워야만 했다. 말끔히 이 글자까지, 초미립분쇄충까지, 잿빛벌레이자 먼지들인 이 날갯짓까지… 일찌감치 밤이었으므로 일찌감치 아침이, 아침이 아니었으므로 초미립분쇄충으로 분쇄된, 초미립분쇄충이 빛을 처먹고 있었으므로 밤이 아닌 이 잿빛을 지우고 지워야만 했다. 밤이 아닌 이 먼지를 지우고… 밤이 아닌 이 벌레를 지우고… 그래, 나는 A를 지우기 위해 여기까지 왔었지, 그러기 위해 이곳까지 도착한 것이고… 밤이 아닌 밤을 지우기 위해, A를 제거하라는 지령을 전달하기 위해 방충망 한칸 열어젖힌 것이고… 그러니까 이 밤을 지우기 위해! 이 하야디하얀 배경을 지우기 위해!

𝄞 △△년 / 국어사전 / 사멸어 / 목록 / 방충망 / 한칸 / 열어젖히다 / 지우다 / 버리다 / 위하다 / 제거하다 / 지령 / 전달하다 / 창 / 먼지 / 잿빛 / 하늘 / 골목 / 스웨터 / 때 / 조금씩 / 사라지다 / 잘리다 / 무릎 / 같다 / 밤 / 오금 / 실재 / 처럼 / 보이다 / 이미 / 발목 / 마저 / 것 / 벌써 / 아침 / 처먹다 / 들 / 잿빛벌레 / 초미립 분쇄충 / 날갯짓 / 듯 / 하다 / 말끔히 / 글자 / 까지 / 일찌감치 / 아니다 / 분쇄되다 / 빛 / 잿빛 / 벌레 / 그래 / 나 / 여기 / 오다 / 그리하다 / 이곳 / 도착 / 그러니까 / 하얀 / 배경 / 먼지 / 중독자 / 시집

손아귀 속의 러너

머리가 이상해져서, 머리가 올올이 풀어져서, 뇌(腦)가 손가락처럼 기나긴 손아귀처럼 풀어져서, 팔팔 끓는 소나기 속으로 뛰어나가고 뛰어나가서, 올올이 갈라져서, 기나긴 소나기처럼 놓아주지 않아서, 뇌가 저 진물감옥 빳빳한 진물감옥 속으로 뛰어나가고 뛰어나가서, 손아귀 소나기 손아귀 속에서 저 뉴런다발을 찢고 찢어서, 하늘의 손아귀 소나길 뚫고 뚫어서, 머리가 이상해져서 머리가 손가락이 돼서, 머리가 뇌가 손가락처럼 올올이 찢어져서, 진물이 흘러서 뇌가 기나긴 손아귀처럼 놓아주지 않아서, 눈-못-뜰-박동이, 눈-못-뜬-심장을 펼쳐놓고 펼쳐놔서, 팔팔 끓어서, 뇌를 덮고 덮어서, 머리가 펼쳐지는 심장이어서, 뇌가 한정없이 펼쳐지는 감옥, 몸 전체의 박동이어서, 진물이 감옥이 붉디붉어서, 붉디붉다는 말조차 뇌가 머리가 이상해져서, 박동으로 펼쳐지는 눈

그러나, 펼쳐지지 않는 박동의 힘으로　　**서,**
부글부글 타-붙던 혓바닥발바닥이　　**어,**
손아귀처럼 놓아주지 않아서,　　**이,**
영영 찢어지면서 갇히면서　　**랙,**
머리가, 뇌가 소나기,　　**트,**
손아귀, 팔팔 끓는　　**질,**
소나기 속에서　　**백,**
한 발짝,　　**회,**
한 발　　**는,**
짝,　　**솟,**
　　　치,

피투는 말한다

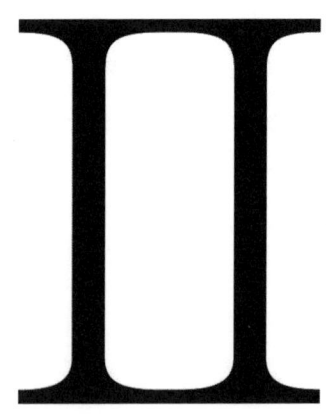

나빼는 침침하고 나빼가 보이지 않는다.
나빼는 타자기 벨을 젖히며 말한다.
끝없이 풀어지는 먹끈은 팔목 속으로
감기고 있다. 끝없이 몸을 던지고,
몸을 던지던 그 핏줄을 자르면 타자지(打字紙)의
접힌 자국이 내 몸을 열어 보인다.
보이지 않는 피투의 목소리가 들린다. 철컥철컥
타자기 벨이 미동한다. 마른 잎맥처럼
거미가 부서진다. 칼에 기대어
타자지가 자란다. 피투피투는 거기 있다.
그곳은 욕조 속 혹은 가라앉은 팔목이 전진하는 바닥,
피투는 詩를 쓴다. 피투가 보이지 않아도
당신은 안다.

'보이지 않는 피투(被投)의 목소리'라고?

   '나빼'를 '피투'로 갈아타봤다고?
      환승 못 찍은 얼굴로 닫힐 듯 열렸다,

     열릴 듯 닫히는 자동문에 끼여
달음질치는 꼴이라니, 대어봤다 떼봤다,

    대봤다 떼어봤다 388태아(胎兒)버스를 좇아
내달리는 꼴이라니. 저 감지불능

     애너그램을 좇아 내달리고, 내달리던
      883혼종(混種)버스를 좇아… 나 아닌 당신,

     당신을 좇아, 어딘가 조금씩 다른데…
어딘가 조금씩 꼼지락대는… 당신들 아닌 나, 나

     언어 그대를 빼어 박은*
       피투피투, 피투를 좇아…

---

* '빼다박다'가 옳으나, '빼어 박다'로 했음.

타자지를 **접었다 펼쳤다** 눈자위 살갗을 누르며 피투의 詩는 아직 썩어지지 않았다. 썩어지지 않았다고, 활자다리들이 풀리는 먹끈의 파동(波動)을 도끼처럼 찍고 있다. 피투의 눈은 길고 검다. 이슥한 길 같다. 밤길, 한 줄 남은 ─── 원주(圓柱)의 오솔길을 피투는 걷고 있다. 던져진 짐승과 던져진 식물이 이오니아식 원주 위에서 날름거리는 이미지 그 타오르지 않는 양식(樣式)이 날름거린다. 반인반수로 잉태되듯, 황량할 것 없는 어느 몰골로 잉태되듯, 던져진 아칸서스*와

---

* Acanthus : 쥐꼬리망촛과 여러해살이풀.

던져진 숫산양의 뿔싸움 그 소용돌이치는 잎들 위에서, 그 살라 먹고 살라 먹히는 제의(祭儀) 속에서, 그 바쳐질 듯 바쳐지지 않는 언어 속에서, 금빛의 태어나지 않은 입술을 들고 피, 투, 는 입 밖으로 나간다, 혀끝이 윗잇몸에 닿았다,
떨어지며 피투의 말들은 망막(網膜)이 훤히 비치는 피투의 기관을 받아 적었다. 안경다리와 함께 피투의 눈이 떨어진다. 눈꺼풀이 덮혔다, 감겼다 눈뜨지 못한 태아처럼 피투는 거기 없었으면 좋았다. 그곳은 피투의 고향이자,
최초의 말이 터져나온 308호, 텅텅 울음이 울리고 있었다. 빈집이자, 최초의 말이 얼어붙은 그곳은 피투의 창, 피투의 입술, 피투의 항문, 피투의 자궁, 자지도 잠지도 없는 피투는 엉덩이도 없다.

피투는 말한다

제2부

펫빛펫빛

피읍은무슨제단같아요피읍피읍웃어봐요비웃음이아니에요
비는내리지않아요피와피사이내리는웃음이에요햇살이황금
빛피를흘려요즐겁나요황홀하나요아직뛰고있나요뇌가머리
바깥에서가슴이머릿속에서잃어버린당신체취를인지하나요

    아름다워요병   비웃음이구름
    을앓는햇빛을   속에서내리지
    인지하는당신   않지요비와비
    병속에갇힌당   사이창백한햇
    신피읍은무슨   빛이에요펫빛
    제단같죠피읍   이에요황금빛
    피읍웃어봐요   피가내리는중

햇빛을앓는나는당신을지각하는가슴이머릿속에서웃는중뇌
가머리바깥에서웃던중함께웃어봐요비웃음은아닐거예요당
신은날잃어버려요햇빛이누구체취인지모를펫빛으로내려요
핏빛이라해도좋아요당신이팔분동안기른애완빛이름이에요

      펫
        빛
       펫
         빛
           펫
         빛
       펫
         빛

피읖은 제단 같을까요.
　　　무슨 제단이 핏빛일까요.
　　　　　　버려진 빛들이 제단을
빠르게 맴돌아요. 무슨 비가
　　　　　무슨 웃음인가요, 비가
웃음인가요, 웃음이 빛인가요.
　　　　　나는 당신을 몰라요. 당신의 웃음도
이 비도 이 빛도 당신 몸이 펫빛펫빛
　　　　무슨 제단 같아요.
　　　펫빛펫빛 세난이 움직여요. 빠르게
　　　　당신 주월 맴돌아요.
끝없이 물결치는 제단인 당신,
　　　　움직이는 피의 살결인 당신,
　　　울혈(鬱血)로 부서지는 몸뚱어리인 당신.

맴돌아요 펫빛펫빛

하느님에 對해서 난 할 말이 없다

하느님에 관해서건 하느님에
對해서건 말이야.

난 말이지, 하느님이
나의 사방이라고 생각했어.
팔다리가 없는 하느님
몸통과 얼굴뿐인 하느님
기관이 살갗인 하느님

사지(四肢)가 내 몸을 움직이네.

사지가 뚫린 몸 밖으로
피가 솟구쳐 나뒹구는
피가 솟구쳐 피가
솟구치는 그 힘으로
돌아가는 하느님

돌고 있는 눈물 속 얼어붙던 하느님

피로 또 다른 하느님을 흩으시는지
이탈한 피의 이탈인 건지

가는 흰 꽃잎 떨어뜨리던
꽃나무 하느님
가는 흰 꽃잎 하느님
하느님은

토르소 하느님?

죽은 카나리아 들고

죽은 카나리아 들고 소각장 갑니다.
잉꼬 들고, 토끼 들고, 햇빛 먹따는 소리로 당신께 갑니다.
햄스터 상자에 담겨 좁아터진 기니피그가 가고
넉넉한 카나리아가 가고 잉꼬가 갑니다.
광활한 하느님께서 좁아터진 나와 함께 갑니다.
냄새나는 나와 좁아터진 하느님이 함께 가주십니다.
부패하는 나와 광활한 하느님께서 영원히
좁아터진 하느님으로 기꺼이 가주십니다.
"하느님, 하느님 납골당 어디죠?" 물을 自身까지 들고
당당하게 가주십니다. 광활한 하느님께서
냄새나고 좁아터진 나와 함께 "하느님 소각장 어디죠?"
묻고 물으며 당당하게 가주십니다. 카나리아가,
잉꼬가 가주십니다. 햄스터 상자에 담겨
오늘도 좁아터진 당신이 가고, 토끼가 가고, 기니피그가 가주십니다.
"하느님, 하느님의 납골당이 어디죠?" 넉넉한 햇빛 들고
소각장 갑니다. 납골당 없는 곳. 태양이,
그림자가 없는 곳. 당신이 기르는 흰 그림자 없는 곳.
오늘은 넉넉한 내가, 오늘은 좁아터진
하느님과 함께 갑니다. 오늘은 좁아터진 카나리아가
당신을 들고, 잉꼬가, 햄스터가 썩기 시작하는
오늘처럼 갑니다. 좁아터진 그러나,
광활한 하느님께서 햇빛 먹따는 소리로 가주십니다.
상한 냄새 진동하는 열두 줄기 빛처럼

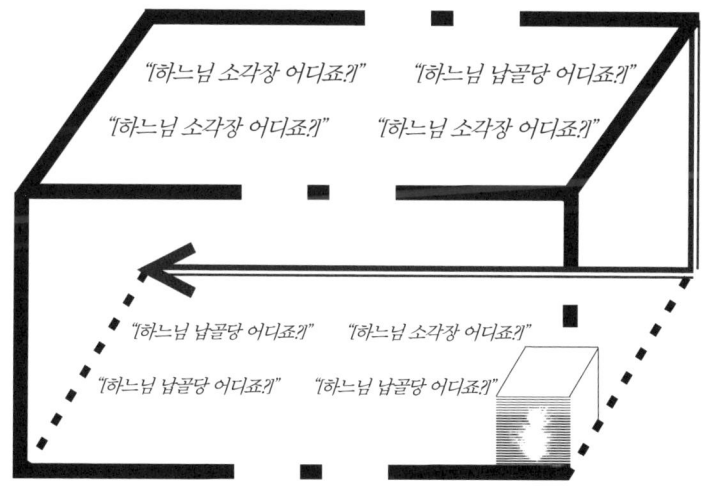

[틈]을 바라보는 기관뿐인 人間의 모노드라마

하늘을 갉아먹는 수은빛공기벌레[들] 숨쉴 수 있을 만큼 꼭
그만큼의 틈이면 충분해, 불안 같은 건 없겠지.
캄캄하지 않다면 종이처럼 하얄지도
종이처럼 쉬고 싶어, 종이 自身이 중얼거릴지도

꼭 그만큼의 틈이 제공된다면, 꼭 그만큼의 빛과 조직(組織)이
허용된다면 정든 기관도 없이 핏빛 가슴을 절개하거나
갈아입혀지지 않는 가슴을 영원히 갈아입히겠지. 바라봐,

ㅎ   ㅏ

허공을 갉아먹는 수은빛공기벌레[들] 당신을 발화하겠지.
빠르게, 무겁게, 우울하게 두개골벤치가 뭔지도 모르게,

ㄴ

우울이 뭔지도 모르게, 무거움이 뭔지도, 절망이 뭔지도,
죽음이 뭔지도 모르게. 신사처럼 점잔 빼고 앉아 바라봐,

ㅡㄴ ㅣ

당신을 갉아먹는 수은빛공기벌레[들] 내부일 수 없는 기관들
허공의 안락의자 그 투명한 대열에 흐린 시선을 앉히고

ㅁ

끝없이 쏘다니는 수은빛공기벌레[들] 혐오하겠지, 연구하며
탐구하며 혐오로 하여 그 평온을 다시금 연구하며
투명한, 투명한 기관의 바깥을 갈망하겠지.

되뇌어 이곳에 발화한단 말인가? 수은빛공기벌레
[들]을? 흙구덩이로 들어가 날선 종이 밖으로 배태
(胚胎)시키던 당신[들]을? 뿌리박을 몸도 없이 젖은
구두로 남은 당신[들]을? 도대체가 배후가 없는 불
법을 한정없이 자행하는 당신[들]을? 새하얀 끄적
임의 형해(形骸) 그 두개골벤치 찢어발기는 종이하느
님[들]을? 비대한 거울 비대한 음문(陰門) 비대한 비
대한 흙구덩이[들]을? 덩어리, 웃음, 기억, 대가리
걸린 구멍[들]을? 쪼그라든 침대 쪼그라든 입술 쪼
그라든 거울[들]을? 기관으로 움커쥔 죽음옷가지
[들]을? 푸르디푸른 꿈무덤[들]을? 모두이며 하나인
수은빛핏방울[들]을? 핏방울로 비치고 비추던 혈연
일 수 없는 핏방울[들]을? 세상에 없는 색채의 변형
으로 시시각각 울음 바꾸는 수은빛공기벌레[들]을?

지금 이 詩는 누가 발화(發話)하나, 발아(發芽)되지 않을 때, 이
글씨들은 누구의 틀로 수은빛공기벌레[들]을 꿈꾸나. 詩가
스스로 꿈꾸는 것이 가능한가, 발화하는 당신[들]이 詩
가 꿈꾸는 꿈으로 세계에 뿌리박는 것이 가능한가.
詩가 뿌리박기 전, 세계는 발화되는 거울인가,
종이인가. 종이가 발화하는 것인가, 수은빛
공기벌레[들]로 허공(虛空)이 발화되게 만든
것인가, 종이하느님이 꿈꾸던 꿈으로
수은빛공기벌레[들]을, 꿈 안팎
목소리[들]을, 두개골벤치
아래 축축한 구뒤[들]을,
떠도는 유령[들]조차
없는 유령[들]을
발화하고 있는
것인가.

온

몸

온

몸의 詩身암송개[들] 온몸온몸이 그 꿈에
기
울
이   쿵쿵쿵
는 하나의 '귀'라는 듯
[쿵쿵쿵]

핏덩이 구르는 소린가 무덤 다지는 소린가
자궁무덤　　　　　　　　　　무덤자궁
갈팡　　　　　　　　　　　　　질팡
배　　　　　　ㅁ　　　　　　　배
회　　　　　　　　　　　　　　회
하　　　　　　　　　　　　　　하
는　　　　　　　　　　　　　　는
　　　　　　／ㄱ―
소　　　　　　　　　　　　　　소
린　　　　　　ㄱ　　　　　　　린
가　　　　　　　　　　　　　　가
쿵　　／　　　　　　　ㅇ　　　쿵
쿵쿵　　　　　　　　　　　　　쿵쿵
무덤자궁　　　　　　　　　　자궁무덤
그 새하얀 [틀] 틈새로 갈겨쓴 종이

ㅎ　　　　　　ㅏ

　　　　ㄴ

　　　　ㅡㄴ ㅣ

　　　　　　ㅁ
　　　　　　ㄱ

　　　　　　　　[틀]

　　　　　　　　을
바라보는 기관뿐인 人間의 모노드라마
그
　　[틀]　　소린가
　　　을 선 고 하 는
　　　　　[소린가]

나는 이 詩를 분할하지 않고 원통형 우주로 하겠다

    이 詩는 이미지가 먼저야? 말이 먼저야? 말이 먼저든, 이미지가 먼저든, 리듬이 앞다투어 몰려왔다 몰려가든, 잎사귀 냄새가
    바사삭 바사삭 코를 찌르든, 후각이 먼저든, 청각이 먼저든, 나무 아래 누워 당신이 내 육신으로 떨어지는 소리에 귀 기울이든,
    태양은 되풀이되는 저 합일(合一)을 은유하지 않아, 나뭇가지는 지는 해를 분할하고 당신이 저 하늘을 적시던 헐한 옷가지는 아니니까.

    이 詩는 이미지가 먼저야? 촉각이, 미각이 먼저야? 아니면 차디찬 리듬이 피비린 말들과 앞다투어 패싸움하거나 詩가 목을 매고 축축 팔다리 혀 늘어뜨리고 "어디 해봐, 죽은 내 몸에 어디 한번 해봐."
    그러는 것 같아, 더 이상 매달 당신 같은 건 없어. 없다 단언하면 詩는 생겨나지. 아세트아미노펜, 이부프로펜, 덱시부프로펜, 무슨 학명 같은데? 혁명은 어때? 머리가 뽀, 개, 질, 것, 같아,

    그러니까, 이 詩는 뽀개질 것 같은 공간에 대한 詩야. 앞발굽 치켜든 말대가리와 더불어, 가슴을 불사르는 갈기와 동공 없는 이각모의
    눈빛과 더불어, 너울 치는 세 구(具)의 성난 공간과 화석화된 최초 자동차, 오토바이 기타 등등 멸종된 동력짐승과 더불어, 원고지 칸칸 투옥된
    화석화된 최초 바퀴와 화석화된 최초 만원독방(滿員獨房) 당신이 풍겨나오던 화석화된 최초 뿌리와 더불어. 아, 나무가 없는데 무슨 놈의 뿌리란 말이냐! 속삭이고 너울 칠 뇌가 없는데 무슨 놈의 두통이란 말이냐!
    그러니까, 이 詩는 당신을 뱉어낼 수 없어. 뱉어내면 뱉어낼수록 깍지까지 끼고 오르락내리락 하는걸, 화석화된 최초 울대가 화석화된 최초 목구멍만 왔다 갔다 하는걸. 하느님은 화석퍼즐공(工),

세 구의 우주를 맞추시고 세 구의 태양을 맞추시고 세 구의 나무를 맞추시네. 한사코 화석화된 최초만을 선별코 계신지 나는 그를 대신해 세 구의 하느님을 선별하고 세 구의 태양, 세 구의 나무를 선별한다네.
　　人間은 하느님 형상을 닮았을까, 나는 무뇌(無腦)해서 하느님을 화석 퍼즐공이라 남발하고 나는 무뇌해서 화석화된 최초 세계를 창조하고 화석화된 최초 문명을 털어내 화석화된 최초 우주에 쏟아붓는다네.
　　나는 무뇌해서 화석화된 최초 우주마저 흑암(黑暗)자루째 쏟아버리고 부유하는 문명과 우주의 화석퍼즐을 붙들고 이런 詩를 쓴다네.
　　나는 무뇌해서 당신 머리뚜껑 열리고 우주뚜껑 열리고 나는 무뇌해서 화석화된 최초 파도로 가실 생각 없는 이 삼각두통을 맞추고 맞춘다네.
　　호오-호오—불 입김마저 불어터진 詩身들은, 오들-오들—떨 오한마저 불어터진 詩身들은, 불어터질 생각 추호 못할 그 추호마저 불어터져
　　　　　　　　　　　　　　　　　　　　　　　　　화.

　　　　　　　　　　　　　　　　　　　　　　석.

　　　　　　　　　　　　　　　　　　　　화.

　　　　　　　　　　　　　　　　　　된.

　　　　　　　　　　　　　　　　최.

　　　　　　　　　　　　　　초.

에서 배제! 그럼, 허공도 불어터져 맞출 詩身 없어? 하늘도 구름도 계절도 불어터져 맞출 詩身 없어? 대지, 바람, 공기도 불어터져 맞출 詩身 없어?

 화석화된 최초 얼룩 당신은 세 구의 우주 밖에서 화석화된 최초 하늘, 태양, 나무를 선별한다네. 화석화된 최초 폐쇄병동 몰래, 선별되고,

 선별된 하늘 몰래, 태양 몰래, 나무 몰래, 나는 무뇌해서 화석화된 최초 얼룩에 맞춰지지도, 화석화된 최초 새벽과 저녁에

 맞춰지지도 않는다네. 그럼, 이 꿈틀거리는 〈말〉들이 화석화된 최초 궁창퍼즐의 詩야? 뽀개질 것 같은 파편궁창에 대한 詩야?

 화석화된 최초 궁창퍼즐이든, 꿈틀거리는 파편궁창이든, 이 詩의 마지막 피스는 불어터진 탯줄과 배꼽, 부디 빙빙 돌고만 있는 세 구의

 우주를 내쫓지 마세요. 화석화된 최초 울대를 맞추시고, 화석화된 최초 목구멍을 맞추시고, 화석화된 최초 뿌리를 맞추시는

              .호

           .슨

         .호

       .론

      .초

    .초

모자

모자를 살까 하는데 모자장수가 없다.
차곡차곡 주검이 쌓여 있다.
쌓여 있다… 생각되는 건가,
모자장수는 어디 갔는지 보이지 않고
돌아온다. 보이지 않고… 돌아오는 모자장수
모자를 쓴 모자장수 모자를 고르다
써보다, 벗었다 고르다…
다시 써보다 사라지는 모자장수
모자를 고르는 내가 모자장수인지 모른다.
모자장수는 갖가지 윤곽을 끌고
모자장수는 갖가지 주검을 써보고 사라진다.
써보다 씌워보다, 써보다 씌워주다…
고심(苦心)하는 모자장수……
원고지 같은 철제진열대를 들고
[이백 개 모자를 한꺼번에 들끼
이백 개 주검을 한꺼번에 운구하는
모장장수는 모자장수를…

그는 모자 하나를 골랐다.
모자장수는, 나는, 내 주검은.

손가락 만보객

── 불현듯 팔목이 근지럽네…

그 방식은 익히 습득해온 이미지 그 방식을 거듭 익혀보라는 듯

── 불현듯 팔목이 근지럽네, 근지러워…

농구공을 던진 스냅 그 아름다운 스냅을 바라보라는 듯

── 지그시 근지러운 팔목을 그어보라는 듯

손등을 손등 쪽으로 있는 힘껏 젖히고 통통한 기나긴 벌레를

── 끊어보라는 듯 익히 습득해온 이미지

그 이미지가 지시하는 대로 머리칼 사이 면도날을 숨기는 거야…

── 날 감지하는 자 메소드(Method)가 도루코(Dorco)에게 감시당하듯

이건 펀(Fun)의 속흥연기가 아니야 ──

> 사이즈택처럼 껄그러운 가상의 택을
> 이 (판) 같은 것을 떼어내고 싶은 거,
> ⋯X⋯X⋯X⋯L
> 껄끄러운 몸에 맞지도, 닿지도 않는
> 이 껄끄러운 겉을 뒤집고 싶은 거지.

⋯X⋯X⋯X⋯로 꿰맨 가상동맥(假想動脈) 그 입가에 칼을 대고 생각보다 품이 큰 의상〈나〉같은 걸 끊어버리고 싶은 열망. "신파야, 신파……"

침이 고일 듯 쐬워놓은 이 재갈도(채찍질하듯 갈겨쓴 이 글씨도) ── 일순(一瞬), 늘어져버리는 ── 이 말엔 상당 부분 어폐가 있지만 이 말밖에는…

일순, 늘어져버리는밖에는… 행간으로 무너지는 꿈 같은 걸 표현할 어휘군이 없었습니다. '一瞬,'이 간혹 주시되지만 그 주시를 주시하다 보니 잠이 쏟아지고…「손가락 만보객」을 더 이상 가동할 수 없으므로 옛말로

코인투입구에 처넣을 꿈 같은 게, 꿈 같은 게 없습니다. 나 원 참, 無미소와… 無미소로 찢어지는 無웃음도 못 되는 신파야, 신파……

말을 찢어 붙이는 꿈의 산책자처럼
산책자의 꿈을 찢어 붙인 LEG-EGO

그찢어지고찢어진그믐처럼새벽에서아침을紙面에서달빛으로여전
히찢어붙 이고찢어붙이는손가락만보객당신곁에두고   개미들이
간질이는 콧등곁에얼굴곁에발목곁에다른한쪽다리한   쪽팔곁에
두고다른 한쪽팔이다른한쪽다리로찢어지듯각기다른   팔과다리
로휘적휘 적가로지르듯찢어붙이듯콜라주가육체의책   무인양찢
어붙이듯 그콜라주마저찢어붙이고찢어붙이듯반듯이   찢어붙인
가상동맥그잇대고잇댄'假想'으로바글바글끓어오르던피의몸인그대

행간에게, 마침내 피일 뿐인 그대
행간의 손가락 만보객(漫步客)에게,

불현듯 팔목이 근지럽네, 근지러워… 나는 거푸 피거품 속으로… 나는 거푸 피거품 피거품 속으로… 〈당신〉 팔목 위에 〈욕조〉 팔목을 하염없이 긋고 있네……

누구 팔목이? 감시하는 자 〈메소드〉 팔목이 감지하는 자 〈불현듯〉 팔목을 아무것도 아닌 자 〈도루코〉 팔목께로 긋듯, 하염없이 찢어 붙이듯……

이 詩는 편이 연출한 잔혹극이 아니야. 거-덜-난 따위과(株) 깃털로 〈당신〉 따윌 풍성히 채우기 위한 파편극이 아니야.

> **몸뚱이칩처럼 껄끄러운 가상의 칩을
> 이 (판) 같은 것을 뜯어내고 싶은 거,
> …X…X…X…L
> 껄끄러운 세계에 맞지도, 닿지도 않는
> 이 껄끄러운 겉을 뒤엎고 싶은 거지.**

—— "감사합니다, 감사합니다…" 말 없는 말로 말없이 히히덕대는 그네들 혼잣말로 "근지럽군, 근지러워…" 어떤 웃음도 쌓인 적 없는 저 허여멀건 낯으로 끊어버리고 끊어버린 단자들 —— 그 기나긴 **웃음소리**로 감지되고 감시돼온 가상들 —— 불현듯 팔목이 "근지럽네, 근지러워…" 「가상의 종언(終焉)」도 「Fun의 종언」도 못 되는 신파군, 신파야… 불현듯 근지러운 팔목을 선사해주신 가상 여러분! …감사합니다 불현듯 근지러울 것 같은 불현듯 여러분! …감사합니다 "…감사합니다" …감사합니다 ——

약을 먹은 게 분명합니다

    약을 먹었나 약을 먹지 않았나 기억이 나지 않네. 약봉지를 뜯는데 가위를 썼나 가위질을 하지 않았나 기억나지 않네. 약봉지를 뜯다
    가위를 찾았는지 애초에 가위질을 했는지 기억나지 않듯
    애초에 찢어진 약봉지를 종량제 봉투에 버렸나 정수기 위에 두었나 기억나지 않네. 약봉지를 뜯다 약봉지 밖으로 흘렸는지
    흘리지 않았는지 내가 약을 삼켰는지
    약이 나를 삼켰는지 약의 모양 색깔 수량 기억나지 않네.
    약이 나를 삼켰나 약이 나를 삼키지 않았나 기억나지 않듯 머리를 가위로 잘랐나 자르지 않았나 자른 후 날을

        벌려 걸어놓았나 싱크대 위에 두었나

          기억나지 않네. 기억나지 않는 중 기억나지 않듯

        내 모양 색깔 수량 기억나지 않네. 기억나지 않는 중

기억나지 않듯 종이의 글자 먼지 빛깔 기억나지 않네.

        기억나지 않는 중

          기억나지 않듯 약과

              종이와 약봉지와 오전

내가 집어삼킨 약이 당신이 삼킨 약인지 어머니가 삼킨 약인지 기억나지 않네. 어머니가 내 어머닌지 누나인지 내 목소리인지 정오로 가라앉는 당신인지 기억나지 않는 게 기억나지 않듯 아무것도 그 무엇도 기억나지 않네. 내가 어머니 머릿속 약을 삼키는 모습인지 기억나지 않는 모습이 내 머릿속 기억의 모습인지 어머니가 약을 삼키는 모습인지 기억나지 않는 게 기억나지 않듯 기억나지

기억나지

기억나지 않네 기억나지 않는

기억이 약을 헤아리다 잠든

모습인지 약이 집어삼킨 기억이

기억 밖으로 풀어지던 모습인지

모습의 기억 밖으로 기억 밖으로

기억나지 않는 게 기억나지 않듯

나는 내가 떨어지고 있다 생각하는데

버스에 앉아 있다. 앞에 서있는 내가 앉아 있는 나를 내려다보며 중얼거린다. 나는 내가 떨어지고 있다 생각하는데 정신(精神)을 읽은 그 얼굴을 떠올리다 꽉 머리가 터졌다. 찻길 바닥에, 정류장 보도블록에 널브러진 뇌(腦) 위로 치아(齒牙)가 굴러다닌다.

나는 그 얼굴을 떠올리다 문득 중얼거리는 내 얼굴을 바라봤다. 그가 내가 아니다. 나는 그가 내 얼굴이다 어느 여자를 떠올리게 하다 할머니였다 사내아이였다 왔다 갔다 하는 얼굴에 살을 붙여 나갔다. 주름을 만들고 모자를 씌웠다 벗어보고 옷을 입히고 여자아이에겐 신을 신기기도 했다. 걸을 때 불이 켜지는 신인데 그는 멀뚱히 서있고 신은 새것으로 아이 발을 붙잡고 있는 것 같다.

나는 추락하는 아이를 떠올리다 그 모습이 실재(實在) 떨어지는 그가 되길 기다려 깜박깜박 유리창을 바라본다. 떨어지는 그가 나인 듯 아닌 듯 추락하는 아이를 바라본다. 몸뚱어리 속 유리창은 뛰어내릴 준비 마친 듯, 유리창 밖 몸뚱어린 박살 날 준비 마친 듯. 어느새 쩍쩍 갈라진 이마 그 두께의 날을 한 장 한 장 바라보고 앉았다.

좌석에 없는 내가 갈라진 이마를 대고 이미 산산조각 난 이마에 대해 읊조려보란 식(式)이다. 유리창 밖 몸뚱이가 어느새 쪼개지고 마는 이마일 수 있다. 그 몸뚱이만 한 뇌가 유리창이 읽은 정신의 노선일 수 있다. 한순간 깨어지고 마는 그 이마가 박살 난 뇌의 경로를 읊조려보라는 식이대그 노선의 깊이를 조각난 정신의 풍경인 양 읊조리고 읊조려보란 식이다.

나는 머리로 유리를 친 적이 없는데, 나는 떨어져 죽은 적이 없는데 나는 길바닥보다는 물에 빠져 죽기를, 나는 아버지가 되기를, 물에 빠져 죽기를. 아버지는 머리로 유리를 친 적이 있는데, 아버지는 물에 빠져 죽은 적이 있는데 말이다.

아버지는 어디엔가 살아 있을지 모르겠다. 그가 나인지 모르겠고 내 아들이 매장(埋葬)된 그일지 모르겠다. 내가 내 아들이 아닐지 모르겠다. 뭐가 어떻게 작동되고 있는지, 뭐가 어떻게 파헤쳐지고 반듯이 마무리 되고 있는지. 이 詩가 당신인지, 쬐그만 굴삭기 기사인지, 쬐그만 쬐그만 흙더미인지.

'노(櫓)'랄 것 없이

> 떠내려가요. 떠내려갈 몸뚱어리 없이
> 떠내려가죠. 계속 떠내려가다
> 계속, 계속 떠내려가다
> 저 몸뚱어리가 물살인 양 떠내려가요.
> '노'랄 것 없이
> 저 몸뚱어리 젓는 몸뚱어리
> 떠내려가요. 주검이랄 것도 없는 그대,
> 주검의 '노'랄 것도 없는 그대,
> 그대가 ──

이 모토(Motto)는 끝이 없다. 무한정 떠내려가고 있다. 내 몸도 퉁퉁 불어 있고 당신 몸도 퉁퉁 불어 있다. 토로(吐露)하면, 그건 폭력이다. 이 詩는 금방 끝날 것이고 내 몸도 당신 몸도 퉁퉁 불어 있긴커녕 바싹바싹 흘러가거나 바삭바삭 흘러붙고 있다.

이 모토를 읽지 않으면 떠내려가던 걸 떠내려가지 않는 것으로 돌이킬 수 있을까, 퉁퉁 불은 목소리와 몸들을 제자리로 되돌릴 수 있을까, 제자리로 되돌려 떠내려가지 않게 할 수 있을까. 토로하면, 그건 폭력이다. 이 詩를 읽지 않으면 아무 글자도 〈제자리〉로 돌아가지 않고, 아무 목소리도 〈돌아갈 곳〉이 없고, 〈떠내려갈 곳〉이 없고, 다만 당신 이마 위 햇빛, 다만 당신 이마 위 물방울 ── 흘러붙고, 흘러내리던 한 줄기 꿈 ── 굴절될 듯 굴절되지 않는 이 세계, 이 감옥, 이 詩들을 바싹바싹 흘러붙던 목소리로 흘러버리고, 흘러버리게 할 수 없다.

이 모토를 읽으면 무한정 떠내려간다. 내 목소리도 퉁퉁 붇어 있고 당신 목소리도 퉁퉁 붇어 있다. 토로하면, 이것 역시 폭력이고, 변신-변화-변형일 뿐이지만 어쩔 수 없다고, 이 굴절이 〈이 굴절〉을 어쩔 수 없다고, 이 詩가 〈이 詩〉가 내림물 쳐질 세계, 내림물쳐질 굴절, 내림물쳐질 육신일 뿐이라고, 흘러내리며, 흘러붇던 한 줄기 감옥일 뿐이라고 ──

이 모토는 끝이 없다, 제자리가 없다. 토로하면, 당신은 이제 어떤 폭력을 토로해야 하나, 이 목소리를 어떻게 매듭짓고 마무리 지어야 하나. 이 매듭으로 말하면 ── 〈이 매듭〉으로 말하자면 ── 말의 배심원으로 굴절된, 말의 배심원으로 굴절될, 말의 배심원이고 배심원이 아니고, 〈말〉이 아니고, 〈육신〉이 아니고, 변형된 판사도 검사도 피고도 변호인단도 아니고, 이 詩가 선서한 〈선서〉도 "이 詩"라는 목소리들이 선서한 〈이 모토〉도 아니며……

*

나와 당신은 한 人間일 수 있습니다. 제자리는 빈 시공(詩空)일 수 있고 ── 빈 시공을 허공이 표백(漂白)된 〈백지〉로 지각(知覺)하든, 〈空白〉이 표백될 꿈으로 지각하든 ── 떠내려가는 정황은 당신과 내 목소리일 수 있습니다. 무의식이 꿈으로 굴절되지 못한 정황일 수 있습니다. 꿈으로 굴절되지 못한 **그** 무의식 **밖**으로 떠내려가는 정황 ── 이 詩의 원고는 누구입니까?

나무와 좀비

당신은 좀비와 달리고 있습니다.
좀비는 나를 달리고 있는지 모르겠습니다.
나무는 웃통을 벗었는지 알 수 없습니다.
나무가 좀비인지 나인지 알 수 없듯 말입니다.
나는 좀비 그림자와 달리고 있습니다.

등번호는 그림자만이 알고 있겠지요. 그림자의 내부 그 가슴에 새긴 등번호를 달고 뛴다니 좀비 그림자가 당신을 달리는지 모르겠습니다. 나는 당신 곁에서 유니폼처럼 좀비 그림자와 함께 달립니다. 좀비는 당신이면서 나무인지 모를 그림자의 태아인지 모르겠습니다.

그림자가 태아인지 당신 그림자가 좀비인지 그림자의 형태는 중요하지 않습니다. 그림자를 '나무'라 지각하는 당신의 눈빛이 중요합니다. 그림자가, 그림자가 나무보다도 명징한 입체이듯이 말입니다.

나는 좀비와 달리고 있습니다.
좀비는 그림자가 아니라 나무입니다.
좀비는 그림자가 아니라 나무입니다.
좀비는 환한 나무일 수 있습니다.
나는 그림자가 나무라 지각합니다.

바람에 나뭇가지가 움직입니다. 그림자가 햇빛에 잎들을 반짝이고 있습니다. 당신은 그림자의 내부 그 속에서 반사되는 초록을 봅니다. 좀비도 나도 나와 함께 달리는 태아도 말입니다.

나는 허공의 그늘로 나는 당신이 나무가 아닌지 생각합니다. 당신은 나무와 날고 있습니다. 당신은 나무와 날고 있습니다. 태아와 그림자와 반짝이는 초록과⋯

초록과⋯ 그림자 속에서 나무가 되는 당신⋯
그림자 속에서 옹알이하는 당신⋯

태양을 격발하다

나는 결박된다. 내 몸에 결박되고 내 손에 결박된다.
풍경은 풍경에 결박되고 창은 창에 결박된다.
결박된다 인정하기 싫어도 결박된다.
그 인정마저 결박되고 이 글씨마저 결박된다.
글자는 글자들에, 책은 책들에, 먼지는
먼지들에 결박된다. 결박은 결박이라는 말에 결박되고
아버지는 아버지께 결박된다. 돌아가시면
흙, 바람에 결박되고 흙은, 바람은 대지(大地)에
대지에 어쩔 수 없이 결박되고 인류는
인류에 어쩔 수 없다, 어쩔 수 없이 결박된다.
얼마나 비애적인가! 석양이 초록에 결박되다니,
세계는 현상(現象)에, 현상은 세계에 결박되다니
햇빛은 나무에 결박되고 결박된다. 풀려났다 결박됐다
햇빛은 그렇게 결박되고 내 안에 결박되고
내가 이 세계란 말인가, 내 몸이 이 세계 나무란 말인가
이런 확진 속에, 이런 확산 속에 결박되고
이런 장단 속에, 리듬 속에, 얼굴 속에 결박된다.
미소 짓는 세계[울음 짓는 나무] 그 이면의
대지로 쏟아지는 태양이여, 그 이면을 비친 음악의 얼굴
그 귓속으로 솟아난 詩여. 〈詩〉는 그렇게 결박되고
나는 어쩔 수 없다, 〈어쩔 수 없이〉 결박되고
이 **눈물**에 결박된다. 얼마나 〈비애적〉인가! 이 **언어**로

격발되다니 한계를 벗어나다니, 세계가 사라지기 시작하다니
이면의 뒷면 그 뒷면의 이면이 **세계 나무**로
뒤집히다니 태양은 뿌리에 결박되고 격발된다. 당겨졌다
결박됐다 태양은 그렇게 격발되고 뒤집힐 듯
뒤집히지 않는 그 현상에 격발되고
태양을 격발하다가 〈뿌리〉를 격발하다에 결박된다.
[현상에 맺힌 흑점이 흑점에 맺힌 현상에 **결박되고**]
현상이 바라보는 흑점, 현상을 바라보는
흑점이 그 〈뿌리〉에 **격발되고**

garbage collector (가베지 콜렉터)

살방울

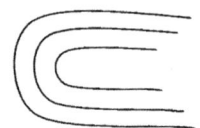

녹는 인간!

초콜릿인가? 녹게. 초콜릿만 녹나요, 아이스크림만 녹나요.
제목을 정하고 쓰긴 처음이네요. 또 메타포엠인가요.
살방울로 뭉개진 이 詩가 〈이 詩〉처럼 녹나요?
라바콘*이 〈라바콘〉을 가설하고 이 詩가 〈이 詩〉로 가설되나요?
지시하며… 수신호 보내며… 경고등 사이렌 울리며……
정리되지 않는 정리를 **정의하고** 정리하며……
녹는 사물을 호명해봐요. 녹는 인간을 늘어놔봐요.
녹는 당신, 녹는 라바콘, 녹는 모니터, 녹는 방화범……
방화범이 어디서 왔죠? 방화범은 녹는 인간 ———
안개에 휩싸여, 안개에 휩싸여 차거워지는 인간 ———
드라이아이슬 욕조에 빠뜨려봐요. 안개 낀 화장실을 떠올려봐요.
화장실이 풍경처럼 보이도록 화장실을 확장해봐요.

---

* 주차금지 표지판.

안개를 확장하고, 거울을 확장하고, 녹는 인간을 확장해봐요.
뜯어진 자루내장 **속 뒤집힌 내장자루는 어때요? 뒤집힌
자루내장 속** 뜯어진 〈내장자루〉는요?
뜯어진 트랙 **속 뒤집힌 곡면(曲面)을 확장하고! 뒤집힌
곡면 밖** 뜯어진 말굽을 확장하고! 뜯어진 말굽 **속 뒤집힌
자석을 확장하고!** 살방울 한 장, 살방울 한 장 욕조 위에
확장해봐요. 살방울 한 장 녹고 있나요. 휘어지나요.
살방울 한 장, 살방울 한 장 당신 몸을 흘러내리나요. 누군가
와플문양 얼굴을 와작 깨물고 성냥을 켜나요. **성냥은 어디서 왔죠?**
조그만 술집을 켜봐요. 한 손을 모으고 조심스럽게, 술집이
꺼지지 않게, 달무리 창부가 쓰는 〈이 詩〉를 태워봐요.

살방울이 「garbage collector」란 말인가요? 녹는 방화범, 녹는 모니터,
녹는 라바콘이 '살방울 自身'이란 말인가요? 녹는 당신이 내용 없는
쓰레기 수집가, 살방울뿐인 쓰레기 수집가, 살방울 모으는 쓰레기
수집가였군요. 쓰레기 수집가가 〈살방울〉 그 全身 내장자루였군요.

그렇죠! 「garbage collector」 自身도 '이름'뿐인 내장자루, 내장자루
였군요! 당신 몸이 '당신 이름' 쓰레기 수집가인 걸 이제 알았나요.
고작 '살가죽' 쓰레기 수집가, '눈동자' 쓰레기 수집가, 등등, 등등도
'내장자루' 쓰레기 수집가, 폐형광등 맞닿아 누운 등등—등등의 〈자루
내장〉인 걸 이제 겨우, 이제야 겨우 알았나요.

「garbage collector」가 녹는 인간인가요? 확장된 화장실인가요? 화장실을 달려봐요. 샤워기를 지나 거울을 지나 **0**미터예요!

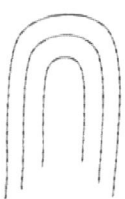

이제 욕조를 지나 **펑** 젖은 수건걸이를 지나겠죠.

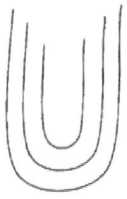

살방울이 '자루내장' 수집가인가요? 쓰레기 수집가가 타일로 뒹구는 〈내장자루〉인가요? 후드득 후드득 〈살방울〉 맞으며 써요.

M   방화범은 어디서 왔죠, 성냥은 어디서 왔나요, 방화범이 머리에서 떠나지 않나요.

A   현실세계의 방화엔 관심이 없습니다. 성냥을 가지고 다니지도 않죠. 라이터는 외투 주머니 속에 있어요. 보라색 투명 라이터, 라이터를 버리면 담배를 피지 않습니다. 담배 피기 위해 라이터를 사야 하기 때문이죠. 라이터를 사면 동전이 생기기 때문이죠. magg(마그)는 동전이 싫다 했습니다. magg는 동전이 생기면 써야 되고, 쓰지 않으면 한 단위로 거슬러 받아야 불안하지 않다 그랬죠. 방화범도 써야 했을 거라 생각돼요. 어딘가 말이에요.

G   방화범은 누구에게 거슬러 받았나요,

G   물론 편의점에선 아닐 거예요. magg는 현실세계의 방화엔 관심이 없기 때문이죠. 방화범은 한 단위인데 magg에겐 방화범이 헤아릴 수 없이 많나 봅니다. 외투 주머니엔 라이터가 있습니다. 라이터를 뒤적이면 주머니 속 주머니 어딘가 성냥이 잡힐 것 같아요. 잡힐 듯, 잡힐 듯 성냥이 잡힐 것 같아요. 성냥갑엔 '달무리'가 새겨져 있겠죠. magg가 일했던 光明사거리 세븐일레븐 앞 조그만 술집 말이에요. 성냥갑은 손에 닿지 않습니다. 달무리가 만져지지 않아요. magg는 눈이 먼 것 같아요. 눈이 멀어서, 눈이 멀어서 〈이런 詩〉를 쓰는 것 같습니다. 눈먼 magg가… 눈먼… 성냥을… 눈이 먼… 달무리를…… 성냥은 성냥갑 속에 있지 않습니다. 성냥갑이 현실세계라고는 생각지 않아요. 光明사거리도 세븐일레븐 앞 달무리의 magg도 말이죠.

G 머리에서 방화범이 떠나지 않아, 떠나지 않아, 달무리 창부를 태우기 위해, 그 조그만 상자를 방화하기 위해 난 태어난 것 같아요. 어떻게 magg를 태워버릴까. 문득 가슴에 손을 가져다 대봐요. '달무리'가 'magg'라 새겨져 있지 않나 맹인처럼 더듬거려요. 불을 당길 수가 없습니다. 성냥을 그을 수가 없어요. 이 글씨들로 성냥을 그을 수가 없습니다. 충분히 글씨들은 화약 같은데, 화약 같은데… 아, 글씨들이 불을 옮기고 있어요. 외투가 녹고 있습니다. 〈살방울〉이 흐르고 흘러 당신 등줄길 흘러내리고 있어요. 나는 그렇게 믿고 씁니다. 아무도 그 누구도 타들어가는 〈이 詩〉를 읽을 수 없을 거예요. magg의 가슴도 magg 가슴에 그어진 성냥도 방화범도 말이에요. 머리에서 떠나지 않는 M, A, G, G, G, G… G도……

G 비가 온다. 버스 정류장 의자에 앉아 콜타르 바닥으로 떨어지는 비를 본다. 고이지 않는 비를, 고이지 않는 비를, 고이지 않는 비를 본다. 가로등 불빛이 철가루처럼 고이지 않는 비에, 고이지 않는 비에, 고이지 않는 비에 달라붙는다. 누가 말굽자석을 박아놓았나, 검은 빛이 일제히 입술로 달라붙는다. magg가 죽었는지 주머니엔 너덜한 전화번호수첩이 들어 있다. 아버지가 일렀는지, 내가 일렀는지… M, A, G, G, G… 가… 아버지의 죽은 아버지들인지… magg가 죽은 내 아들인지… 누가 당신 목소리를 갈아줄까. 당신 입술을 갈고 당신 혀를 갈고 당신 울대까지 갈아서 누가 검은 빛으로 비틀린 당신 등(燈)을 절개할 수 있을까.

G 빛은 빛을 태우는데… 빛은 빛을 태우며 떨어지는데… "검은 천사 같네요." 문득 로르샤흐 인턴 생각, 가는 목에 걸린 가는 목줄 생각, 펜던트 생각, 문득 검은 빛 울대로 풀어지는 천사 생각, 검은 빛 입술 생각…… "검은 천사라니," 뜯어진 욕조로 보이나요. 뜯어진 내장 자루로 보이나요. 뜯어진 샌드백으로 보이나요. 뜯어진 자루내장 속 뜯어진 트랙—뜯어진 제로로 보이나요. 퍼엉, 펑 녹고 있나요. 펑, 퍼엉 젖은 수건걸이를 지나고 있나요. 종생 마를 날 없는 모니터 하느님, 아직도 거미줄 친 샌드백 치고 계신가요. 퍼엉, 펑 비가 오나요. 살방울 비, 자루내장 비, 비, 비가……

O 때앵 —— A4링으로 떨어지는

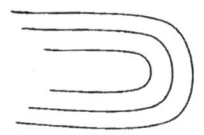

D 때앵 —— 아직도 떨어지고 있나요. 그 천사 그 이빨 그 연기 그 덩어리 그 그 —— 얼굴 한 방울 머리에서 떠나지 않나요 —— 누군가 당신 가슴속 저편 이마 속으로 또옥 —— 똑 덩어리 한 방울 떨어뜨리나요. 잉크는 바닥난 지 오래, 바닥바닥 잉크를 핥듯, 찍어 빨아들이듯 —— 누군가 당신 가슴속 저편 이마 속에서 덩어리 한 방울 —— 어느 떨어뜨린 얼굴 한 방울 —— 빨아들이나요. 그리고는 그 그 덩어리 한 방

울 떨어뜨리나요 — 그런데 모니터 하느님, 바깥이라는 게 있나요 — 지독히 온전한 바깥을 재현하려는 듯 — 그런데 모니터 하느님, 바깥이라는 게 있나요 — 지독히 온전한 내부가 바깥 아닌가요 — 지독히 온전한 내부가 재현된 폐허 아닌가요, 모니터 하느님 아닌가요 — 누군가 당신 가슴속 저편 이마 속으로 또옥-똑-또도-또도독-바닥난 덩어리 한 방울 떨어뜨리나요 — 어느 쓸어내린 시야(視野) 한점 뿌연 폐허렌즈 한점 떨어뜨리나요 —

N   때앵 — 〈검열자〉는 EYES EYE5 기관을 볼 수 없습니다. 〈검열자〉는 EYES EYE5 피를 볼 수 없고 〈검열자〉는 EYES EYE5 뼈를 볼 수 없습니다. 〈검열자〉는 EYES EYE5 혈관을 윤곽만으로 볼 수 있으며 — 누가 팔을 구겼다 펼쳐놓은 듯 — 윤곽이 허공에 어떤 틀을 새겨놓는 듯 — 메스를 든 〈검열자〉가 메스를 든 EYES EYE5를 볼 수 없으며 — 피의 에둚이 피의 에둚을 볼 수 없습니다. 다만 그 에둚이 — 유리창에 앉는 먼지와 같이 — 오, 풍경의 화면에 앉는 안개와 같이 — 어느 한 면에 닿으면 손으로부터 흘러나오는 모습이 확인될 수 있으며 검정으로 스며드는 붉음 — 붉음으로 스며들던 '검정'으로밖엔 — 작동(作動)되는 〈검열자〉의 '끄적임'으로밖엔 — 작동이라는 것이 되고 있다 지각(知覺)하고 있는지, 지각이란 것이 작동하고 있다 지각되고 있는지 — mass(매스)*의 틀이 달리 확인될 방법이 없습니다. — 가령 틀의 형태를 수정하고 있는 magg 혹은 「강박중 가을」의 형태를 수정하고 있는 EYES EYE5 —

---

* 무형의 덩어리.

피톨 밑 손가락 그러	피	그루 잎들이 떨어지고
쥐고 서 있는 나무 한	톨	허공의 상처가 아문다
그루 잎들이 떨어지고	밑	피톨 밑 손가락 그러
허공의 상처가 아문다	손	쥐고 서 있는 나무 한
피톨 밑 손가락 그러	가	그루 잎들이 떨어지고
쥐고 서 있던 나무 한	락	허공의 상처가 아문다
피 톨 밑 손 가 락 그 러 쥐 고 서 있 는 나 무 한
그루 잎들이 떨어지고	서	피톨 밑 손가락 그러
허공의 상처가 아문다	있	쥐고 서 있던 나무 한
피톨 밑 손가락 그러	던	그루 잎들이 떨어지고
쥐고 서 있는 나무 한	나	허공의 상처가 아문다
그루 잎들이 떨어지고	무	피톨 밑 손가락 그러
허공의 상처가 아문다	한	쥐고 서 있는 나무 한

그루

E 때앵 ── 아파트 놀이터 우레탄 위를 걸어가고 있습니다. 아파트 놀이터 우레탄 화면으로 걸어가고 있습니다. 바탕이! 폭신폭신합니다. 모니터가! 폭신폭신합니다. 구두가! 하늘이! 다섯 손가락 선명한! 잎사귀가! 폭신폭신합니다. 자전거를 타고 『**TEN DOGMA**(텐 도그마)』를 돕니다. 꽁무니로 실린 모니터가 garbage collector가 아닌지 「강박증 가을」에 비친 고철 자전거가! 폭신폭신합니다. garbage collector의 거미줄이자 샌드백이 그 「자전거」가 아닌지, 「EYES EYE5」가 아닌지…

결국 틀입니다. 바들바들 굴러가는 자전거 바퀴가 당신이 바라보는 틀입니다. 강조할까요, 기관이 눈동자인 검열자 **틀**입니다. 푸르른 EYES EYE5틀—하늘EYES EYE5틀—지구EYES EYE5틀—태양EYES EYE5틀—마이너스 우주EYES EYE5틀—EYES EYE5틀—그림자EYES EYE5틀—시—야 시—야가 기관인 가스구름과 항성(恒星)으로 짜인 눈동자全身, 全身눈동자 **틀**입니다.

T 때앵 —— 그 피의 이름-이름을 호명하지 않겠습니다. 그 몸의 생김-생김을 재현하지 않겠습니다. 바탕화면의 하늘이 구름 한 점 없이 푸르릅니다. 다포식 궁궐 뒤편에는 나무 한 그루가 서 있고 다포식 궁궐 뒤편에는 나무 한 그루가 서 있고 추녀마루엔 잡상(雜像)이 올라가 있습니다. 공포(栱包)에 칠해진 단청(丹靑)이 공포에 칠해진 단청을, 어처구니가 어처구니를 비추고 있습니다. 제가 찍어내는 잡상은 현실세계의 추녀마루엔 올라가 있지 않습니다. 제가 찍어내는 잡상은 결국 이「틀」의 방화범이자 재화소멸자(災禍消滅者)가 아닌지 모르겠습니다. 어처구니가 푸르른 하늘을 푸르른 하늘을 우러르고 있습니다. 푸르른 하늘이 푸르른 하늘을 —— 모니터가 모니터를 ——

때앵 —— 〈검열자〉로부터 **메시지**가 도착했습니다.

오, 거슬러 받는다는 것. 주화(鑄貨) 새끼, 단어 새끼, 대사 새끼를 한 단위로 갚고 갚는다는 것. 갚고 갚아서 비누 같은 것도 종이 같은 것도

이 치직대는 풍경 같은 것도 같고, 같고, 같아서 결국엔 같아지지 않고, 같아지지 않고, 같아지지 않는 저편 모니터 밖에서 이쪽 모니터 속으로 뚫, 고, 나, 오, 던, T, E, N, D, O, G, M, A, 는 신성모독(神聖冒瀆)에서 신성(神聖)으로의 변형 가능한 영적(靈的) 틀이 될 것입니다. 영적 틀?

'될 것 같습니다'가 될 것입니다… '될 것입니다'를… 될 것입니다… '될 것 같습니다'가… '될 것입니다'를… 덮을 수 없는 틀… 열 수도… 그을 수도… 가를 수도 없는 틀… 물을 수 없는… 찾을 수 없는… *EXIT*틀… *EXIT*틀… *EXIT*틀……

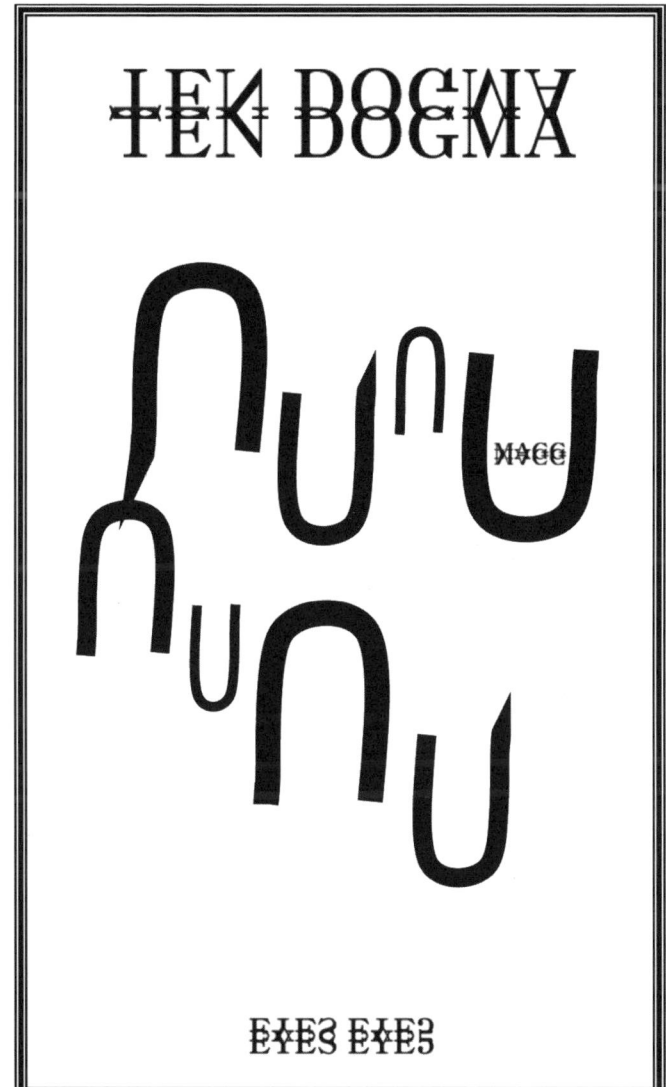

제3부

BURN아웃물질…

우리는 우리가 아닐지 모른다… 나는 우리가 아닐지 모른다… 인화성 물질(引火性物質)… 번아웃… 번번… 번…이웃… 우리는 우리를 모른다…

인화성물질… **우리는 금지된 우리가 나는 우리가 아닐런지**……

금지된 우리는… 전동차가 아닐런지 전동차 밖 링링링-링이 아닐런지 인간체조기계들이 아닐런지…… 움직임 없는 그렇다고 움직임까지 없는 그렇다고 움직임까지 있을 것 같지 않은 그렇다고 생동감 넘칠 것까지, 다이나믹할 것까지 없는 번…이웃… 번번… 번…아웃된 이웃들…… 우리는 우리를 모른다… BURN아웃물질…… **우리는 금지된**

우리가 나던 우리가 아닐런지…… 금지된 우리는… 링링링-링이 아닐런지 링링-링의 천장이 아닐런지 번번… 번…이웃들이 아닐런지 기계 혹은 人間… 人間혹 달린 기계혹이 아닐런지……

(혹혹혹)… (혹혹혹)… (헉헉헉)…… 아, 황홀한 과잉의 메커니즘… 아, 황홀한 자본의 매너리즘… 아, 황홀한 정체(正體)의 메커너리즘*…… 뭐랄까, **빈 자리가 나,** 일어설 듯 **앉을 듯** 일어설 때면 링링링-링에 머릴 맞고 목이, 어깨가, 얼굴이 우그러지는 인간들……

뭐랄까, 번…이웃… 번번… 번아웃된 지문(指紋)들…… 우리는 우리를 모른다… BURN아웃물질…… **우리는 금지된 우리가 나는**

우리가 아닐런지…… 금지된 우리는… 天上쥐가 아닐런지 天上을 갉아 먹는 天上개거품이 아닐런지 퇴화된 天上의 퇴화될 天上쥐가 아닐런지 아니면 천상 개…… 아니면 천상 쥐거품쯤?……

---

* mechannerism : 신조어. 메커니즘과 매너리즘의 합성.

아, 황홀한 영원의 메커니즘…아, 황홀한 약속의 매너리즘…아, 황홀한 안식의 메커너리즘……뭐랄까, 타버릴 듯 타지 않는 자아들……

뭐랄까, 타버린 듯… 타버릴 것 같은 인간들…… 어깨로, 목으로, 얼굴로 우그러지던… 링링링-링 지문들……

둔기아파트 1601호 혹은 1806호

둔기라는 마을이 있을까, 둔기로 누군가를…
둔기라는 지명 타자가 있다면 둔기는 포수의
머리통을 갈길까. 포수의 머리통이 원고지라면
원고지 너머의 얼굴은… 둔기로… 누군가를
박살내고 싶은 적이 있다. 그때마다 내 머리통이
둔기로 박살나고 깨졌다… 깨지고… 박살나고…
깨지고… 박살나고… 마침표로 고일 저 피가
둔기라면 마침표로 고일 저 피가 둔기의 마을이라면
나는 잘 찾아간 것일까, 둔기에 무사히 당도한 것일까.
아파트 창유리 같은 정오의 원고지 칸 밑으로
피가 고이고… 글씨들은 뭉개져 알아볼 수 없고
구두는 질척질척대고… 내 발자국은 어디에도
보이지 않네. 족적(足跡)은… 범행 현장은… 내
살해 현장이 이 아파트라면 이 원고지 칸 위라면…
16층 네 번째 창이 열리고 둔기가 던져진다.
자살자는 둔기가 없고… 자살자는 예리하고…
무디며… 예리한… 둔기로 자살하는 자가 있다면
그게 나다. 원고지 칸 위에서 둔기로… 둔기의
마을 위에 내 살인을 위장(僞裝)한다. 둔기로 나는…
나를 박살내고… 엘리베이터 1층 버튼을 누른다.
그리고 기다린다. 엘리베이터 문틈새로 불던
사슬소리바람을 얼굴로 느끼며 기다린다…
누군가 칼이 되어 나를 향해 다가온다. 누가
찌른 칼인지 누가 찔린 칼인지 모를 만큼
포개진다. 두 사람 얼굴은 이미 원고지 칸으로
변해 있다. 한 서슬의 인간 위로 상반된 미소의
글씨들이 원고지 윗면에서 밑면으로 번지어
올라온다. 두 인간에 **한서슬**의 바람인 검붉은
글씨들이 **두인간**을 알아볼 수 없을 만큼
흘러내려 둔기라는 마을을 넓히고 있다. 둔기
둔기라는 마을이 있을까, 둔기… 둔기… 둔기…
다시 썩어지다 만 내 둔기… 넓혀지다 마는
나의 둔기 누구도 읽을 수 없는 나의 둔기…
피아노 건반을 옮겨 다니는 천장의 음악 둔기…
암막커튼을 걷고 16층 두 번째 방 창가
책상에 앉아 둔기를 바라본다

둔기를바라본다끝까만구멍은
둔기라는마을인가둔기라는
입술인가둔기라는피웅덩인가
둔기라는시거인가둔기라는
맨홀인가깜붉은구멍으로불이
타들어간다피가고인다입천장끝
마침표는찢어내면찢어낼수록
커지고미끄러져종이식도
전신으로옮겨가고
둔기를바라본다끝마침표는
피웅덩이속가해자인가
시거재속피해자인가목구멍속
범행도구인가범행도구끝
까맣게타들어가는시거불씨인가
오,둔기라는지명타자가존재한다면
타들어가는이구멍을움켜쥐고
詩머리통을갈길까머리통
정중앙을확실히갈기는순간
구멍끝시거불씨는숨겨진
칼날과함께시거와함께숨겨진
칼날의둔기와함께피웅덩이와함께
종이식도전체와함께종이식도끝
깜붉은전신의범행도구와함께
둔기의입술과함께둔기아파트
1601호혹은1806호정수리부터
하르르갈라지고있다피는멎지않고
던져진둔기가그린궤적(軌跡)과떨어진
둔기가내려다보던궤적이
이詩의머리통을꿰매고있다

…둔기로…
있다. 그때마다
둔기에 박살나고 깨졌다… 깨지고…
깨지고… 박살나고… 마침표로 고일
둔기라면 마침표로 고일 저 피가 둔
가, 둔기에 무사히
정오의 원고지 칸
은 뭉개져 알아볼
내 발자국은 어
…범행 현장은…
원고지 칸

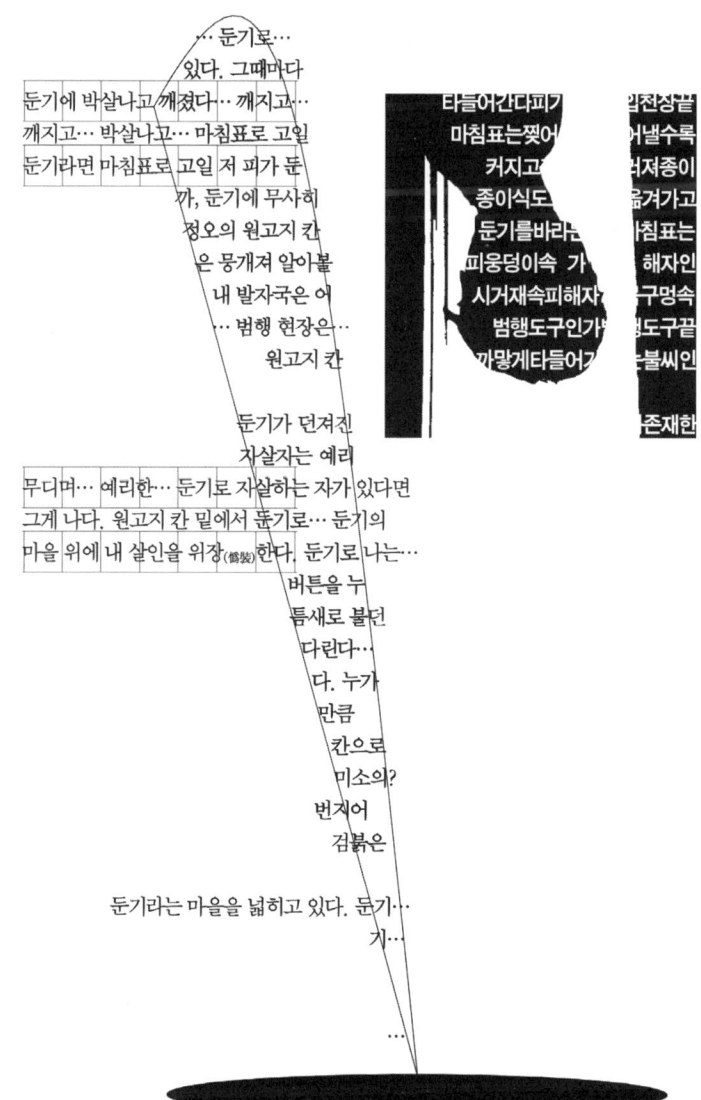

둔기가 던져진
자살자는 예리
무디며… 예리한… 둔기로 자살하는 자가 있다면
그게 나다. 원고지 칸 밑에서 둔기로… 둔기의
마을 위에 내 살인을 위장(僞裝)한다. 둔기로 나는…
버튼을 누
틈새로 불던
다란다…
다. 누가
만큼
칸으로
미소의?
번지어
검붉은

둔기라는 마을을 넓히고 있다. 둔기…
기…
…

언어조련사 루티노

　나는 날 세워놓았네. 이 희디흰 공간에 종이에? 가격하는 날 가격당하는 나로, 세워지지 않은 채 세워지는 나로 나는 날 세워놓았네.
　새하얀 깜둥이인 날 새까만 흰둥이인 나로 샛노란 깜둥이인 날
　새빨간 흰둥이인 나이자 앵무인류 그 의미 없는 번식을 기하급수적으로 소진시키는 나로 세워놓고 세워놓았네. 세계라는 것, 내가 쓰는 詩
　야만의 윙컷*놀이라는 것, 앵무인류라는 것. 주황 머리의 날 노랑 머리 흰 머리 푸른 머리의 나로 비빌 무덤처럼 푸르디푸른
　머리털의 날 빈손의 모자로, 모자로 세워놓았네. 모자가 벗은 허물에 빈손 걸어놓는 나로 모자가 말의 회로로 생산된 허물이란 듯
　빈손 벗기 시작하는 프로그래밍대로 〈LUTINO〉를 그리워하거나 쓸쓸해하는 나로 세워놓았네. 〈그리움〉〈쓸쓸함〉이 무엇이지?
　야만의 윙컷놀이로 달래는 야만의 루티노들 그 몸뚱어리가 한몸뚱이라는 듯 붙였다 오므렸다 뭉개버렸다 형태를 만들었다 쩍쩍 갈라지는 詩피조물「언어조련사 루티노」에게 바라는 게 무엇이지?

　열(列)을 나누고 분절하고 흥정하고 거래하는「나」로 그렇게 가격당하는 날 가격해야 세워지는 〈나〉와 가격할 준비를 마친 '나'로 은밀히
　세워놓았네. 바깥이라는 것, 핏줄새장의 떨림이라는 것. 잘린
　날개깃으로 훠이 훠어이 꿈꾸는 듯, 루티노가 가격당하는 한 줌 깃털 인형이라는 듯 훠어이 훠이 놓아주었네. 그렇게 가격당한
　가슴 속에서 부리를 가격하고 모가지로 품은 얼굴을 가격하고 새빨간 새하얀 깃을 베게하도록 나는 그렇게 하도록, 내가 가격당한

---

* 애완조 날개 자르기.

한 마리 루티노로 파닥거리도록, 가격하도록, 명중시키도록 기하급수적
으로 세워놓았네. 내가 없어질 때까지, 그 부재마저
　기하급수적으로 석방될 때까지 가격당하는 자와 세워놓는 자를
　　세워지는 자와 가격하는 자로 세워놓고 세워놓았네. 중력새끼가 중력
새끼를 때려눕힐 때까지, 중력새끼를 무너뜨리는
　중력새끼 그 중력새끼가 다시 태어날 때까지 이 소요(騷擾) 이 고요, 이
종이 속에서 우린 똑똑히 망각해야 돼. 붉은 깃펜 쓰다듬는
　「언어조련사 루티노」를, 까만 눈동자 훈련시키는 핏줄새장 (을/를)을,
팔이 되고 어깨와 목이 되고 머리가 되는 몸뚱어리 횃대를,
　기관, 뼈, 피, 살로 허물어지는 폭포와 같이 어느 공간에선가 허물이
지고 있을 몸뚱어리 횃대를. 그 공간이 나일 수 있고
　당신일 수 있다. 당신이 떨어뜨린 유전자일 수 있고 내가 흘린
　눈물일 수 있다. 유전자의 유전자로 부서져 더 작은 유전자 그 유전자로
배때기 채운 벌레일 수 있고 온몸으로 바라보는
　그 벌레의 〈눈〉일 수 있다. 하느님일 수 있고 하느님을 바라보는 〈벌
레〉일 수 있다. 그 벌레가 일그러트리는 〈하느님〉일 수 있다.
　내가 바라보는 도수 높은 눈물안경일 수 있다.

　어느 공간에선가 (을/를)로 허물어지는 〈우리〉일 수 있다. 우리가
〈축양장〉이라 하지 마시라. 물 위에 떠운 빵빵한 비닐봉지
　그 안에 담겨 온 언어라 하지 마시라. 〈우리〉가 눈물인가, 바라보는
눈인가, 바깥으로 갇혀 바깥으로 배때기 채운 〈언어〉인가. 우리가

죽은 듯 죽지 않은 그러나, 죽은 '비파'라 '코리도라스'라 '알지이터'라 '오토싱'이라 '보티아'라 하지 마시라. '애플 스네일'이라 '야마토 새우'라 '체리 새우'라…* 그 상실의 부재마저 〈목적〉을 잃어버린

　목적으로써, 청소할 〈언어〉 없는 세계로써, 피로써, 뼈로써, 살로써 허물어지는 횃대의 기관 그 흐느적대는 몸뚱어리일 수 있다 하지 마시라.

　왼쪽 어깨에서 오른쪽 어깨로 오른 어깨에서 등줄기로, 목으로, 머리로, 90도로 인사하는 축양장닭이 루티노라… 손에서 팔로 팔에서 손으로 다시 팔에서 손으로 갸우뚱 건너 뛰어다니는 핏빛 날갯짓이라… 나이트 플라이트라 하지 마시라. 바깥이 없는데 도무지 바깥이 없는데

　부딪치고 부딪치는 핏줄새장 그 경계를 우리는 피가 맨 바깥이든, 뼈가 기관이 맨 바깥이든 우리는 그 마지막을 살이라 하지 마시라. 살은

　실은 맨 마지막 꿈 그 몸을 뒤덮는 살의 기관, 뼈, 피, 살을 실은 〈살〉이라 하지 마시라. 꿈이라 끝이라… 기관도 뼈도 피도 아닌 〈몸〉이라 하지 마시라. 기관이 살갗인 몸이라… 루티노가 〈우리〉라… 핏줄새장이라 하지 마시라. 그 까맣고 붉은 부재의 날갯짓이

　부메랑에 돋은 〈부메랑〉일 수 있다… 몸뚱어리 횃대일 수 있다… 무한정 갈라지고 갈라지는 세계일 수 있다… 〈축양장〉일 수 있다…

　말을 따라하고 말을 까먹고 말을 배우는 〈루티노〉의 갸우뚱 기운 까만 눈동자일 수 있다…

---

* 이끼 청소 수중생물.

우리는 〈언어감옥〉에 갇힌 언어감옥 말고는 다른 말을 찾을 수 없다,

비루하고 무료하지만 다른 말을… 다른 말을 찾을 수가 없다……

언어감옥… 언어감옥 말고는… 흐느적거리는 햇대의 기관 그 허방에서

그 허방으로 건너 뛰어다니는 〈루티노〉들 말고는……

비루하고 무료하지만 가격당한 자와 가격하는 자 앵무? 인류? 유리? 세계?

다른 말을 찾을 수가 없다…… 바깥으로 범람(汎濫)하는 피,

그 위로 매달린 뇌가 심해의 (을/를) ㄱ 빗줄새상이라 생각하면…

구토가 나온다… 비루하고 무료하지만 다른 말을 찾을 수가 없다…

중력새끼로 덧칠된 중력새끼 그 기관을 상실한 핏줄새장이

침몰하는 어떤 〈틀〉이라 생각하면… 구토가… 구토가 나온다…

기관의 뼈, 피, 살로 세워진 〈ＬＵＴＩＮＯ〉라 생각하면……

피 밑으로 돌아가던 기관이… 피 밖에서 피 바깥으로 떠다니는…

ㄹㅜ ㅌㅣ ㄴㅗ 의 유골로 붙**던 입 없는 말**이라 생각하면……

머나먼 접시

주머니에 손을 넣고 팔이 없는 것처럼 행동해.
포크째 욱여넣은 손이 뚫고 나오지 못한 낱말인 것처럼.
나이프 떨어지는 소리가 입을 뻥긋거리게 하되
어떤 말도 나오지 않는 그 입이 아무렇지 않은 듯
꼰 다리로 한 번 더 꼰 다리를 욱여넣어, 눈을 욱여넣고
입을 욱여넣고 몸의 사이란 사이는 모두 욱여넣어.
귀는 화르륵 구겨버리고 타오르지 않는 귀가,
욱여넣는 어둠을 욱여넣은 얼굴로 지켜보도록——

 아마도 머나먼 접시의 향취는 이 詩가 확산되는 속도와는 비례하지 않아. 귀와 함께 구겨지는 낱말일 뿐인 당신과 그림자와 함께 욱여넣는 백지일 뿐인 내가 이 문장 위로 발화되는 속도와는.
 아마도 그래, 화르륵 타오르지 않는 적막은 눈부시지, 눈부시게 어둡지. 그 까마디까만 발화점으로 당신은 내 그림자를 머나먼 침묵으로 이끌 테지. 이끈다는 건 당신이 내 그림자와 화해를 표한다는 몸 전체의 눈빛으로 지각될 수 있어.

 물론 엉덩이도 최대한 그 사이를 욱여넣어, 엉덩이가 몸 전체인 몸이 스스로 몸 전체 엉덩일 욱여넣어. 음부음경의 몸까지도. 그런데 이 세계에선 음부음경은 통용이 금지된 얼음 같은 거야. 그저 결정(結晶) 쪼가리인 男女추니 같닿나. 가령 시계 뒤편엔 금고가 있고, 액자 뒤편엔 다시 금고가 있고, 시계를 떼어내면

다이얼 맞추는 소리가 들리고, 액자는 저들 풍경을 벽으로만 내뻗고, 나는 봉합되지 않는 이 꿈들로 당신 필체를 꿈꾸는 듯해. 아마도 당신 이마와 발톱이 뿌리 바람으로 어딘가 무너진 굴을 파고 있나 봐.

아, 다시 앤드로자인(ANDROGYNE)으로 돌아가서. 얼음이 있어, 백지지. 백지를 껴안은 얼음이 있고, 결정을 껴안은 행간이 있지. 누가 시작이고 누가 끝인지 몰라. 앞뒤가 없이 누가 生이고 누가 죽음인지 모를 몸뚱이로 써갈긴 행간만이 존재해. 얼음사전은 **흘러내린** 지 오래야.

언제나 강조해왔지만, 머나먼 미래가 머나먼 옛날이지만 또 비틀고 싶은 욕망으로 내 필경사(筆耕士) **꿈**틀기는 마구잡이로 움직이지. 아니 저 껴안고 맞댄 백지 위로 무참히 미끄러진다고 할까.

> **씹다 만 미래가 썰다 만
> 옛날을 먹어치우는 교양,**

그게 머나먼 미래야?

> **씹다 만 옛날이 썰다 만
> 미랠 찍어 삼키던 교양,**

그게 머나먼 옛날이야?

이 백지를 매듭짓거나, 찢어발기거나 한몸으로 기워낼 수 있다면, 〈미래〉와 〈옛날〉이 먹히고, 토해내고, 먹히는 '쏚白'이란 주화(鑄貨)로 통용될 수 있다면. 머나먼 접시도 머나먼 핏물도 그 어떤 '얼비침'도 없이 네 온몸-온몸의 손짓으로 내 한몸-한몸을 봉합할 수 있겠니, 여직도 침대 머리에선 다이얼 맞추는 소리가 들려——

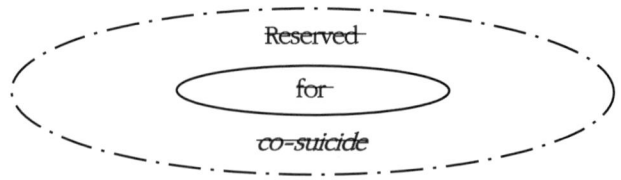

식탁보를 칠하고 식탁보 속 다리를 칠할 것. 어딘가 떨어뜨린 나이프와 포크를 칠하고 어딘가 떨어뜨린 포크와 나이프 소리를 칠할 것. 식탁 밑 떨어지는 핏물을 칠하고 식탁보를 적시고 이 백지까지 적신 우스꽝스러운 접시를 칠할 것. 우스꽝스러울 것도 없는 이 접시와 이 다이얼을 칠하고, 식탁에 맞댄 이 다이얼과 이 주화를 칠하고, 귓바퀴만 한 폭탄을 칠하고 칠하지 말 것. 테이블 세팅 끝?

공원 벤치가 나를 문다

연필이 굴러 떨어졌다. 벤치에게, 달에게 이빨이 있을까, 달빛이 나를 물까, 소리 소문 없이 물까, 저 저격수 달이 침 흘릴까, 뚝
유랑자 혀 떨어뜨릴까, 공원 벤치가 유랑자 혀 문다… 연필이 굴러 떨어졌다… 쓴다, 불안하다… 쓰려다 자전거가 날 문다가 빵이 유랑자 감옥 문다… 쓰려다 **비 오는** 미행의 밤이
유랑자 감옥 문다… 타자기 가방이 유랑자 혀 물고… 깨진 연필심 파편이 저격수 달 문다 쓴다, 요양원 버스는 산소 가는 버스…
산소버스는 요양원 가는 버스? 영구차(靈柩車) 타고 산소 가는데 어느새 요양원 앞이네. 세월이 유랑자 혀 물까? 물지 못한다 아니 물지 않는다 물 수 없다 세월은… 그래! 문다, 물지 못하다 물지 않는다! 그리고는 결국 문다. 타자기 가방이 열리다 만다.
안경이 굴러 떨어진다. 금이 간 안경에 금이 가고, 금이 간 얼굴에 한 번 더 금이 가고, 금이 간 세계가 한 번 더 금이 가고, 안경심 깨지고,
굴러 떨어지고 떨어지던 안경이 유랑자 혀 잡고 쓴다, 안경심 깎는다, 타자기 리본이 물결친다. 흐린 이마 위에 글자 찍는 거어문 햇빛이여, 거어문 바람이여 쓰려다 붕괴되는 그대 닿을 수 없는 손가락이여, 유랑자 혀들이여, 죽어, 죽어사전이여.

*

죽어사전을 펼쳤다. 〈라이플〉이 죽어 있고 〈자전거〉로 장전된 영탄(詠嘆)이 죽어 있었다. 〈영탄〉이 탄피(嘆皮)를 뱉으며 격발됐다. 그리고 기억이 지워진 것 같다. 영탄이, 영탄이 흐린 이마를 물어뜯었다. **비**

오는 타자기 가방 곁에 기타는 없었다. 기타 케이스가 덩그마니 타자기 곁에 서 있었다. 나는 이 詩를 어떻게 끝내야 할지 몰랐다. 詩가 아닌지 모르지, 거울 속 내가 지워진 하체의 뒤를 밟고 있다. 밟고 있을지 모르지, 문득 자전거가 애처롭다. 라이플은 없었다. 타자기 리본도, 리본을 갈아 끼울 손가락도.

아, 주형(鑄型)은 어디에… 그 밖의 '그' 안의 주형은 어디에…

튤 드레스와 뮬, 마르케스 알메이다… 옷을 본다. 옷이 나를 보는 것이다. 옷이 옷인 나를 본다. 옷이 보는가, 내가 보는가. 옷은 나 그러니까 이 〈옷〉을 입는다. 내가 옷을 입는 것이 옷이 〈옷〉을 입는 것인가, 옷이 〈나〉를 입는 것이 내가 〈나〉를 입는 것인가. 데님 브라탑과 터틀넥, 데님 셔츠와 하이탑 슈즈… 옷이 걸어간다. 옷이 풍경이길 바란다. 그림이길… 옷이 옷을 웃어보이지 않는다. 옷의 요소들이 내 웃음소리와 들어맞지 않는다. 〈옷〉이 그림 속을 걸어간다.

니트 점프수트, 가죽 원피스, 싸이하이 부츠… 나는 〈피〉로 숨을 쉰다. 〈나〉는 피를 벗고 옷의 웃음소리가 내 요소이길 기다린다. 〈옷〉의 웃음소리가 나와 이 옷에 들어맞는다. 내가 웃음소리로 〈옷〉을 입은 옷을 입고 있다. 형체를 알아볼 수 없는 마르케스 알메이다… 핏속에서, 핏속에서 옷이 〈몸〉으로 흘러내린다. 옷의 웃음소리가 그림이길 바란다. 화폭에 입혀지는 그림이길… 옷의 요소들이 분해되고 있다.

펜모양 목걸이, 가죽 스트랩 팔찌, 타탄 체크치마와 흰색 구두… 피 주변으로 개미들이 서성이고 있다. 인류처럼 걸어다니고 있다. 개미들이 풍경 속에서 발견되지 않는다. 옷과 나 붉은빛붉은색뿐인 화폭 속에서 풍경이 그림을 분해하고… 개미들이 〈피〉를 물어 나르고… 그림 속에서 옷장을 보는 눈이 개미의 칠흑이다. 기어이 全身으로 펄럭이는 마르케스 알메이다…

기어이 빨갛게 눌러붙은 생로랑 바이 안토니 바카렐로… 개미의 요소들이 풍경을 분해하고 있다. 화폭의 눈이 내가 바라보는 세계, 웃음 짓는 당신, 이 詩의 개미들,* 개미들인가.

---

* 평행사변형을 그릴 것. 평행사변형을 평행하는 평행사변형을 그리고 3차원을 거부할 것. 2차원에서 n차원을 결속(結束)할 것. 'n번째 고리'를 채울 것. 평행사변형을 평행하는 평행사변형을 그리고 그 행위를 영영 반복할 것. n차원을 통과하는 고리 속 고리를 결속할 것. 결속할 수 없는 언어의 모델을 주물(鑄物)로 녹이고 녹일 것. 사방 개미는 없는데 부어 굳힐 개미의 귀엣말을… 사방 모델은 없는데 부어 굳힐 모형(模型)의 귀엣말을…

공터 〈이름〉은 공터다. 공터가 될 것이다. '공터'로 하겠다. '공터'가 마음에 든다. '공터'가, '공터'가 〈이름〉이다. 공터는 빈 땅이다. 빈 자갈땅이다. 현재, 내가 서 있는 공터는 나의 방이자 책상이다. 공터는 투명하며 공터에 서 있으면 나까지 투명해진다. 마치 공터 전체가 투명 장막(帳幕)을 뒤집어쓴 기분, 공터는 서늘히 내 품을 안는다. 공터와 난 닮았대;나는 자갈이 흙, 뿌, 려, 진, 드넓은 방이다. 의자는 없지만 나의 책상이자 의자인 공터 **U+ SQUARE*** 점원 한 명 전기 파리채로 유리문을 훑고 있다. 유리문에 붙은 自身을 수색하는 양 타닥타닥 벌레를 태운다. 벌레들은 타다타닥 한 점 스파크로 재가 되어 날린다. 벌레 타는 냄새가 공터로 날아와 코에 앉는다. 코의 의자에 앉아 공터를 바라보는 벌레 타는 냄새가 난다. 공터, 공터 〈이름〉은 전기 파리채, 우주의 조그만 불, 꽃, 놀, 이, **존재가**

유리문에 비치는 것보다 가까이 있음

---

* 유플러스 스퀘어 : 이동 통신사.

```
ㅏ           버
ㅌ  ㅓ       ㄹ  ㄹㅔ
ㅂ      린
                  들
                     ㅇㅣ
몸
 ㅈ ㅅ ㅇㅡㄹ
        조립하시오
```

안경이 동공을 쓰고 누워 있다

안경이 동공을 쓰고 안경이 썼던 동공의 자세가
어느 人間 위에 덧씌워질 안경의 자세라면
안경이 동공을 쓰고 **거꾸로** 처박혀 있다.
얼굴도 이마도 머리도 없이, 동공 위로 허우적거릴
그 어떤 몸뚱어리도 없이.

안경은 **동공**을 걸치고 먼지를 고스란히 맞고 있다.

나는… 아, 이즈음 내가 등장하고 마는구나.
안경의 人間에게서 동공人間을 벗겨줄
나라는 동공이 등장하는구나. 내가
그 안경을 찾아 당신 얼굴, 당신이 지각하고 있을
나의 시야, 나의 눈구멍 저편 뒤에 붙어 있을
그 동공을 **찾아 벗겨주길** 기다리는 듯하구나.
머뭇거리듯 발목만 허옇게 드러내놓고

'허옇게'라 쓰면 과장일까, 머뭇거리듯 머뭇거리지 않는
그 흔적이 **동공**… 동공**人間**이… 아니라 한다면……

얼굴도 이마도 머리도 없이, 안경 위로 허우적거릴
그 어떤 몸뚱어리도 없이.

당신은 **당신**을 걸치고 먼지만 고스란히 맞고 있구나.

발목이 당신이 아니라는 듯, 내가
시야가 아니라는 듯, **다리**가
안경이 아니라는 듯.

먼지

203호 현관

열쇠를 집어 올리며 서 있을 때, 자전거 묶인 파이프의 어둠이 비처럼 흘러내리는 창
물결과 소리들이 교직(交織)되어 한 인간이 만들어지고 있다.

문고리는 정수리를 누르면 폭발하는 체스말,

208호 현관

열쇠들이 두 겹의 고리 속으로 비끄러질 때,* 자물쇠 풀린 파이프의 어둠이 빗방울로 달라붙던 창
끌어당긴 이불 끝이 어느 여자의 목까지 타오르고 있다.

문손잡이는 정수리를 누르면 폭발하고 마는 체스말,

여왕의 뿌리들이 화살표처럼 사방으로 뻗는다. 여왕의 행마법은 땅속을 파고들지 않는 수면(睡眠)의 엷은 뿌리다.

---

* '비끄러지다'의 뜻보다는 '비끄러매어진'의 뜻이 느껴지도록 했음.

308호 현관

열쇠 파고드는 소리 — 그 뒤축으로 지탱되며 서있을 때 — 파이프 벽 금간 어둠 속으로 거미줄 한줄 흩날리는 창
얼굴만 남은 이불이 푸른 격자무늬 여자를 집어삼키고 있다.

먼지 — 세상에서 가장 강도가 센 광물 — 한 올이 뚫고 있는 허공 — 발 없는 눈(眼)이 짚고 내려간 —— 나선형 공기계단 —

세 번째 열쇠를 집을 때였다,

우체국 계단 깨진 햇빛이 보도블록으로 덜그럭거린다. 뜯어진 페달 그림자는 바큇살처럼 퍼져 나가고 타이어의 굴곡이 석양을 말아 올리며 주황빛 다이아몬드 차체(車體)를 밀어내고 있다.

서울체스칼리지 308호 강의실*

---

* 병사가 상대방 진지(陣地) 여덟 번째 가로줄까지 전진하게 되면 여왕, 주교, 성곽, 기사 중 원하는 하나의 말로 변신하게 된다. '승격'이라고 하는 신데렐라와 같은 변신법을 퀴닝(Queening)이라 한다.

헐값 노동자

(당신)이 펼친 이 시집은 (당신)을 모릅니다. (당신)의 눈빛 뉘앙스도 표정도 읽을 수 없습니다. (당신)이 펼친 이 시집은 토트백이 되었다 또각이는 플랫폼이 되었다 쪽 떨어진 플랫폼 바닥이 됩니다. ── 혹, 힐굽이 부러져도 혹, 곁에 아무도 없어도 혹, 누군가 얼굴을 뒤집어쓴 (당신)이 이내 잠잠해질 태양처럼 어쩔 줄 몰라 해도 『메모중독자』 耳 출입구로 절뚝절뚝 올라가다 보면 화자문구가 글자본드를 건넵니다. ──"얼마예요?" 그냥 가져가도 되는데… 끄적이거나, "(당신)이 보다 만 시집 인세예요…" 끄적이거나 (당신)이 보다 만 『메모중독자』는 (당신)이 존재하지 않으므로 인세는 없다 끄적이세요. ── 『메모중독자』는 (당신)의 손가락일지 모르고 턱을 쓰다듬는 모르고의 손가락일지 모르죠. 모르고가 보다 만 (당신)이라는 시집일지 모르고 (당신)이 내던진 이 시집의 빠개진 뇌(腦)일지도 모르니까요. ── 『메모중독자』가 쓸다 만 (당신), (당신), (당신)에 대해 저는 할 말이 없습니다. 잠깐 목소리를 비운 카운터로 돌아가 글자본드를 건네야 하니까요. 자, 은빛 망치가 빠르게 반구형(半球形) 머리칼을 처댑니다. ── 손이 자명종에 닿는가 싶더니 자명종이 드리블해져 와닿습니다. 흠집 하나 생기지 않는 철제 머리카락 속으로 『메모중독자』가 「헐값 노동자」를 스칩니다. on스위치 더듬거리는 손가락처럼, 화자문구로 돌아가는 꿈속의 발걸음처럼 ──

A

노약자석에 앉아 소리 없이 방귀를 뿜고 다음 승차칸으로 넘어갔다. 임산부 배려석이었는지 내가 노약자석에 앉은 내가 임산부였는지 확실하지 않지만 '방귀를 뿜고'라는 말이 109페이지로 넘어갔다. 이 詩는 내가 쓴다기보다 당신이 쓰고 당신이란 말들이 쓰고 의식(意識)이 쓴다. 당신은 노약자석에서 자리를 뜨고 물론 임산부 배려석의 태아와 A가 뿜은 냄새를 좇아 달아나는 것이다.

A가 방귀를 뿜고 다음 승차칸으로 넘어갔는지, '방귀를 뿜고'라는 말이 이 詩를 쓰고 있는지 확실하지 않고 확실하지 않은 건 아름답고 즐겁고 별이 된다. 별이 돼서, 이 말들이 별이, 별이 돼서 그리워한다. 말들이 말들을 그리워하다 나가떨어진다. 죽는다기보다 부스러져 날린다. 눈가에서, 입가에서, 그 모든 맑은 밝은 구멍의 외부 그 외부의 구멍 근처로 돌아나온다.

지휘봉

지휘봉을 바라본다. 모가지가 길어진다. 지휘봉을 바라보면
모가지가, 모가지가 길어진다. 머리가 쓱싹쓱싹 고개가,
얼굴이 쓱싹쓱싹 길어진다. 이 소리 없는 고갯짓이 악령이라면,
이 소리 없는 고갯짓이 그 악령으로 읽힐 〈지휘봉〉이라면
폭파된「과장되기는 했지만 **팽팽히 튜닝**된 현(絃)은 어느 순간 빵
터지기도 한다. 터져버린 현으로 할까, 끊어진 현으로 할까
고민하다 폭파된 현으로 수정했다. 여기서 현은 현실세계의
현이라기보다 지면 위의 현, 텍스트의 현, 언어의 현이라 할 수 있기
때문이다. 텍스트의 현… 언어의 현… 지면 위의 현이라……

◆

그럼, 현,은 구불텅구불텅 뒹굴던「말」로 써내려간 詩? 그랬으면 좋겠다. 구불
구불 내젓던 〈말〉을 풀어내, 구불구불 내젓던 잠과 꿈까지 풀어내,
악(惡)의 악보대가 걸리길 기다리는 거다. 〈지휘봉〉을 들자, 악보대가 뒤통수를
갈긴다. 틱, 틱, 꿈이 꺼진다. 깜깜한 말이 한층 캄캄해진다「캄캄한 꿈이,
한층 칸칸해진다」칸칸한 말이 한층 칸칸해지고「칸칸-칸칸-칸칸해진다……
나는 이 텍스트에서 어둠의 단절을, 무한으로 증식되는 어둠의 분절을 말하고
싶었다기보다 〈폭파〉의 증식 그 자체를 말하고 싶었던 것 같다.
그러니까 캄이고 칸이고 캄이 어둠이건 칸이 어둠을 분절한 어둠이건 그 어둠으로
덧칠된 사방, 벽이라는 게 있을 리 만무(萬無)하지만 그 만무의 〈화폭〉 다시 말해,

폭파라 할 수 없는 〈폭파〉라는 화폭 자체를 언표(言表)하고 싶었던 것 같다」언표「가 지워진 화폭을… 그 지워진 언표까지 지워져버린 〈화폭〉을……

이쯤 되면 욕처먹어 싸지만, 그 누구도 〈욕처먹어〉 해주지 않는다.
이 지면 위에서는, 이 텍스트 위에서는, 이 언어 위에서는
그 누구도 〈욕처먹어〉 해주지 않는다, 않는다,
않는다구나. 혹시 모르지(이 詩를 박차고 바깥으로 나가면
누군가 〈욕처먹어〉 해줄지도… 나는 기꺼이
그 〈욕처먹어〉로 회복될 준비가 돼 있고
그 〈욕처먹어〉로 일어설 만반의 준비가 돼 있다.
만반은 아니겠지, 그저 고개를 숙이고 그저 푹 고갤 숙이고
웅성거리겠지… 나를 향해, 푹 고개 숙인 나를 향해
그저 푹 고개 숙일 뿐인 내가 웅성거리겠지…
초라하고 미미한 개미만 한 목소리로 그러나,
초라하고 미미한 개미만 한 목소리로 자신만만하게…
그에게… 나에게… 이 행간에게… 한마디
웅성거리겠지… 이 詩를 박차고 바깥으로 나가면…
이 詩를 박차고 바깥으로 나가면은…)…

♣

"詩라는 〈악령〉을 지휘할 수 있겠니…" "詩라는 〈재앙〉을… 詩라는 〈언표〉를… 詩라는 〈詩〉를… 폭파할 수 있겠니…" 당신은 누구와 대화하나. 누워 있는 서가와 서 있는 침대와 모가지들과… 모가지들이라니, 길어지는 모가지가 나 말고 또 있나 보다. 문득 폭파된 ⌐현⌐으로 내젓는 ⌐고갯짓⌐고갯짓⌐고갯짓⌐들… 그랬으면 좋겠다. 휘둘러도, 휘둘러도, 휘둘리지 않는 〈화폭〉을 자아내, 그⌐언표⌐의 〈언표〉로 지워질 화폭까지 자아내 악의 악보대가 걸리길 기다리는 거다. 그러니, 제군들! 〈지휘봉〉을 들고 지휘봉을 헤매시게. 〈악〉이라 할 수 없는 꿈을… 〈한계〉라 할 수 없는 재앙을… 〈세계〉라 할 수 없는 이 언어를(((((((그러니 제군들! 그럴 수밖에 없지 않은가, 무전 속으로(((무전 속으로))) 화폭을 칠 수밖에 없지 않은가, 이 구불구불한 회백질⌐화폭⌐위에서 그럴 수밖에 없지 않은가, 회백(灰白)이 아닐지… 구불구불하지 않을지… 뇌⌐(腦)⌐가 아닐지… 내⌐가… 뇌⌐가… 뇌⌐가… 아닐지 모르는 이 텍스트 위에서… 제군이 아닐지… 무전이 아닐지… 지면⌐이 아닐지 모르는 이⌐그림⌐위에서… 이⌐그림⌐이… 이 ⌐화폭⌐이 아닐지 모르는 이… 이…⌐텍스트⌐위에서… **그러니, 제군들! 모가지를 들고 〈모가지〉를 헤맬 수밖에 없지 않은가. 꿈일 수밖에 없는 〈악〉을… 재앙일 수밖에 없는 〈언어〉를… 화폭일 수밖에 없는 이 〈詩〉를))))))**

♠

그러니, 제군들! 웃음이 터져도 상관없네. 눈물이 터지지 않아도, 입술이 터지지 않아도, 목청이 터지지 않아도 상관없다네.

그러니, 제군들! 높은 곳을 찾아, 더 높고 높은 곳을 찾아 그 높은 곳이 지면(紙面)으로 붙은 한몸인 양, 그 높은 곳이 한없이 낮은 이 지면 自身인 양,

이 바닥의 이 지면의 한없이 납작한 등고선인 양, 그 가닿지 않는 교신에 섞인 교신인 양, 화폭인 양, 한계인 양, 다시 말해, 언어, 언어, 언어인 양,

〈언어〉라는 말로는 모자란 이 목소리인 양, 납작납작 포복한 목소리, 목소리인 양, 그 어떤 공중폭격도 그 어떤 지원사격도 그 주체가

〈나〉라 할 수 없는 나 自身인 양, 다시 말해, 적군이자 아군인 〈나〉自身의 부산물인 양 결코 자아는 아닌 결코 대상은 아닌 결코 언어는 아닌

이 무늬 위로 이, 이 무늬 위로 몸을 섞는 이 시원(始原)의 정체는 뭐란 말인가. 이 엷디엷은 지문이 〈나〉自身이란 말인가. 교접되지 않는,

접속되지 않는 이 〈뿌리〉만을 맴도는 이 엷디엷은 지층이 〈나〉自身이란 말인가. 한 벌 지면도 없이, 한 벌 카드도 없이, 한 벌, 한 벌 언어도 없이 이 무슨 스트립 브리지란 말인가.

♥

그러니, 제군들! 브리지(Bridge) 따윈 몰라도 상관없네.
같은 무늬를 내야 하는 룰 같은 건(같은 목소릴 내야 하는 룰 같은 건)
몰라도 아무, 아무 상관이 없다네. 그래도, 제군들! 〈말〉에는 기호와 의미가
깃들 듯, 기호와 의미가 〈목소리〉로 깃든 피이며 사상이며 형식이듯.
이 텍스트 속에서, 이 종이(紙場) 속에서, 이 언어 속에서 살아남기 위해선
때론 같은 목소리, 같은 무늬를 내야 한다네. 그러니, 제군들!
벗어지지 않는 뇌를 벗고, 벗어지지 않는 뇌를 벗는다는 말은
정신병원에서나 해야 한다네. 나는 정신병원이 하얀 집, 종이, 이 세계라
지각(知覺)하고 있지만, 감히 그 지각을 지워낼 수가 없지만, E, E강의실
S, S방이 평면이자 입체인 이 지면 〈나〉〈나〉〈나〉라는 화폭이란
생각을 지워낼 수가 없지만 지워내야 한다고, 지워내야만 한다고
안 그럼 "욕처먹어" 안 그럼 〈욕처먹어〉들이 이 지면 위에서
끌어낸다고, 끌어낼 거라고 질-질-질, "내가 안 썼어요." 질-질-질,
"다신 이런 詩 안 쓸게요." 질-질-질, 질-질-질 끌어낼 거라고,
끌어내고, 끌어낼 거라고 끌어내 봤자, E강의실 S방이고
끌어내 봤자, 끌어내 봤자 E, E강의실 S, S방인 이, 이
녹아내리지 않는 이, 이 흘러내릴 리 없는 이, 이 〈입〉째로
처넣은 이, 이 물기 없는 이, 이 말라비틀어진 이, 이
엎질러버린 이, 이 끄덕끄덕이던 이, 이 아무 대답 없는

〈지휘봉〉

뇌를 벗는다. 벗어지지 않는 뇌를 벗고 벗어지지 않는 뇌를 벗는다. 회백질이, 회백질이 아니다. 캄캄하지도 우주처럼 무시무시하게 춥지도 않다.

'**무시무시하게 춥다**'는 〈언표〉 자체를 벗어났겠지. 그 이상도 그 이하도⋯

〈오실오실〉〈오한〉〈얼어붙음〉 확실히 열두 겹이다. 무전이, 화폭이, 이 〈옷〉이 확실히 열두 겹이다. 그 이상일지 모르지⋯

그 이상의 그 이상의 그 이상⋯일지 모르지⋯ 말줄임표가 뭇별처럼 빛나고 있을지⋯ 뭇별처럼, 뭇별처럼 무언가 말하고 있을지 모르지⋯

무인가⋯ 누언가 형성하고 있을지⋯ 그 성좌로 〈반짝반짝〉〈오들오들〉〈아, 씨팔〉〈얼어죽을〉⋯ 촐싹대고 있을지 모르지⋯ 그 화폭을 그 〈폭파〉로 중재하며

마주서고, 박살나고, 무너지고, 바닥나고 이 폭파가 이 〈화폭〉을 수용하며, 맞붙으며, 떨어지며, 박살나던 게 제자리로 붙고, 주저앉던 게

제자리로 서게 될지 모르지⋯ 〈별자리〉⋯ 〈바닥〉⋯ 〈지도〉⋯ 〈이 詩〉⋯)))⋯ 들이 또 다른 화폭이⋯ 또 다른 별빛이⋯ 또 다른 지층이 될지 모르지⋯

지층이고 나발이고 별자리고 나발이고 이 詩, 〈이 詩〉들이 다름 아닌 별빛이 아닐지⋯ 〈폭파〉를 지각한 폭파⋯ 폭파가 〈폭파〉일 거라⋯

지각한 그 별빛, 그 〈별빛〉이 아닐지⋯ 밀려왔다, 밀려가는⋯ 발꿈치로 무너져 내리는⋯ 당신 발을 휘감는 포말(泡沫)이 내 발을 휘감는⋯

아무것도⋯ 씌어지지 않은⋯ 이 감각조차 이 언어조차 태어난 적 없는⋯⋯

발가락 사이, 발가락 사이 **빠져나가는**⋯ 내 발을 휘감는 포말이 당신 발을 휘감는⋯ 아무것도⋯ 아무것도 씌어지지 않은⋯⋯

◇

언표파도가 철썩철썩, 감겨오는 종아리로 철썩철썩,
그 파도소리가 詩다. 자, 읽으시오. 나의 〈지휘봉〉을!

…(((((((((((**틱**, 내려지는 파도소리 스위치)))))))))))…

언표파도가 철썩철썩, 감겨오는 종아리로 철썩철썩,
그 파도소리가 詩다. 자, 읽으시오. 나의 〈지휘봉〉을!

人間비탈

가슴 속 머리가 속삭인다. 고개를 숙이다
숙이다 가슴 속에 머리가, 모가지가 안치된 기분
고맙습니다. 가슴 속 울대를 윤곽 없는 얼굴로,
울대 속 가슴을 소리 없는 혀로 메워주셔서
감사합니다. 내 목소리가 왜 이러지? 내 가슴이
모가지 품고 왜 이러지? 내 가슴이 내 머린가?
가슴 속 모가지가 머리카락 품고 왜 이러지?
새치를 뽑으면서 새치를, 새치를 뽑으면서
은발에서 은빛으로 될랑 말랑한 새치 한 가닥 들이대면서
왜 이러지? 가슴 속 모가지 품고 나는 얼굴이 없다.
머리카락 품고 나는 또 무슨 낯을 하는 건지
내, 내 머릿가죽을 벗겨주마. 내, 내 머릿가죽을 벗겨서
존 웨인은 또 무슨 말을 하는 건지 나는 또 하얗게 센
실버극장의 내가, 벌써 열두 번째 머릿가죽 벗기는
존 웨인을 바라보고 있네. 얼굴 없는 人間비탈
가슴 속 모가지 품고 기울어지는 人間비탈
이-히-히-잉! "말에서 굴러 떨어져라." 가슴 속
목소리 품고 기울어지는 人間비탈 그 가슴이 속삭이는
얼굴을 품고 기울어지는 人間을 품고 침잠(沈潛)하는
나를 품고 비탈로 서서, 비탈로 안치되는 〈말〉을 품고
"당장 굴러 떨어져라," 비탈의 가슴 속 머리 없는 나를 품고
비탈의 얼굴 속 모가지 없는 나를 품고 비탈人間이
비탈일 수 있게 하는 나를 침잠할 수 있게 하는 날 품고
이-히-히-잉!

原本에 관하여

네 詩身의 방은 화장실이 아니야, AA전지 파묻힌 쪽창이 아니야. 그래서, 내 방엔 거울과 시계가 없나, 왜 거울과 시계가 없나. 환한 일요일 햇빛이 싫은 거야, 무엇보다 네 정충(精蟲)을 닦고 있는 어느 폭식복서의 코만 달린 해골 말이야. 뭉개지던 네 해골이 허우적대는 소리일 리 없는 정충을 닦다 말고 뚝뚝 떨어지는 손으로 UFC 보는 그런 기분 말이야. 창밖엔 비가 오고 상대편 배경음악은 리드미컬해, 발등까지 고개 숙인 고갤 병든 개처럼 움직여. 오, 네 프로작*은 어디에⋯ 이따 자기 전에 먹을 거야, 햇빛 같지 않은 햇빛 같지 않은 이 햇빛 속에서 너는 햇빛을 삼킨다 그랬지. 릴리,** 릴리, 오, 나의 릴리. 얼음살결 얼음살결 얼음살결 위로 얼어붙던 꽃들 그 켜켜이 돋친 몸속에서 늙지도 죽지도 않는 〈말〉들이 따악-따악-떨고 있어. 藥이 바닥날 때까지, 바닥난 꽃이 흘리디흘린 藥으로 보일 때까지, 흘리디흘린 꽃이 바닥난 정충으로 보이고 바닥난 정충이 흘리디흘린 네 해골로 보일 때까지. 그래서, 네 詩身이 부재중인 이 「방」엔 거울과 시계가 없나. 그래서, 「너」는 배경도 음악도 없는 죽은 **말**인가.

---

* Prozac : 항우울제.
** Lilly : 제약회사.

無題

1982 / 白紙에 플래시, Yashica E35 / 8×12cm

이것은 거울상자인간의 구멍이 아닙니다,

이것은 구멍상자인간의 정충이 아닙니다,

이것은 정충상자인간의 거울이 아닙니다?

제4부

原本에 관하여

주먹을 쥔다. 주먹이 쥐어지지 않는다. 쥐어지지 않는 주먹을 쥔다. 흠씬 ― 주먹이 칼인가 ― 주먹이 칼, 칼, 칼인가요.

주먹이 쥐어지지 않는 칼? 칼 타령, 藥 타령, 기관 타령, 해골 타령, 原本 타령, 原本을 끊을 수 있다. 原本이 스폰지, 스폰지 칼?

칼의 진위는 중요치 않아요. 스폰지가 중요하죠. 스폰지 타자(他者)가 되는 것, 스폰지가 아닌 새빨간 거즈가 되는 것. 익사한 거즈? 거즈가 퉁퉁 불어 칼을 찾는다. 주먹을 쥐면 주먹이 칼, 주먹이, 칼이, 스폰지가 중요치 않아.

눈빛이 거즈? 눈빛 익사체가 떠다녀요. 하루終日하루종일 지옥인가? 지옥이 어딘가? 바투 쥐어지지 않는 주먹을 쥐럼, 스폰지 타자로 떠다니럼, 스폰지가 되럼. 스폰지 타자가 빨갛진 않았다. A4링의
빨갛다는 색채가 빨갛다는 말을 발색(發色)할 수 없다. 암만 때려도 두들겨 맞아도 흠씬 스폰지가, 칼이, 스폰지 타자가 쥐어지지 않는 주먹을 쥔다. 그와 나와 허공이 지워지지 않는 〈날〉 에워싸고 있다.

A4링이, 스폰지 타자가, 심판이, 내가, 내 상대가, 회심의 한 방이… 스폰지 타자에게 한 방은 발색되지 않는 **마우스 피스**와 ― **야유의 플래시**와 ― 눈뜨면 "**눈떠**"와 ― "**눈떠**" 사이 가설되는 **A4링**과 ― 영영 떠지지 않을 꿈을 맞이하는 **우우우의 스텝**과 ― **고딕체 피**를 어느 행에 뱉을지 고민하는 **당신**과 ― 오, 쥐어지지 않는 스포트라이트 줄 뿐.

흠씬 ― 타자가 피인가 ― 타자가 피, 피, 피인가요. 스폰지 타자가 지워지지 않을 피? …피 타령 …타자 타령 …거울 타령 …구멍 타령 …정충 타령

…原本 타령

주먹을 쥔다. 쥐어지지 않는 주먹을… 꿈인가? 꿈 밖인가? 나는 어느 原本으로 당신을 꿈꾸고, 당신은 어느 原本으로 날 꿈꾸나. 아, 나의 原本, 내 마지막 原本은 어느 原本으로 당신을 꿈꾸는지! 날씬한 토씨 사냥개가 물고 늘어지겠지. A4링의 **빨갛다는 말이 빨갛다는 색채를 발화(發話)할 수 없다. 주먹을 쥔 채 주먹을 쥘 수 없듯, 토씨 사냥개가 좇아오면 뛸 수 없듯, 발이 떨어지지 않듯. 주먹이 빨간 건지, 스폰지 타자가 빨간 건지, 이 꿈이 빨간 건지, 그 이〈빨〉이 빨간 건지, 原本이라는 꿈이 흘리는 〈피〉**일 뿐인 건지. 내 꿈은 어느 原本으로 당신을 펼쳐두고, 어느 原本으로 당신을 끌어당기나. 얼굴까지, 눈까지, 꿈꾸는 마지막 原本까지.

뿐도氏의 눈빛 제스추어는 무엇을 갈망하나?

그래… 그렇게 지속해… 오른쪽… 왼쪽… 좌우라는 관념을… 자라는 좌우 나무를 생각지 마… 뿌리 같은 건 더더욱… 나무 같은 건 없었어… 세계는 애초에 없었어… 그래… 그렇게 나아가… 나아가지 마… 누구도 지각(知覺)하지 말고… 그 지각마저 파문(波紋)으로 응시해… 비가 오나? 파문이 이나? 파문 같은 건… 없었어… 비가… 비의 죽음 위에… 불가능한 파문을… 꼿꼿이… 귀 기울이지 마… 기울일 귀 같은 건 없었으니까… 귀가 붙은 옷도… 옷이 붙을 몸 같은 것도… 없었으니까……

그래… 발소리에 귀 기울여… 발소리가 귀 기울여… 발소리가 없었으니까… 발이 귀였으니까… 발이 얼어붙은 구두… 당신 발이었으니까… 핥지는 말아줘… 피가 흐른다고… 구두에 피가 그득 차 흐른다고… 제발 귀가 먹먹한 이 구두를… 피로 먹먹한 이 구두를… 빌어먹을 면봉이 바닥났어… 면봉이… 면봉이… 횃불처럼 왔다 갔다… 입술이 칠흑 한가운데 떠다녀… 제발 그 입 좀 틀어막아줘… 등. 뒤. 에. 서. 등, 뒤, 에, 서, 부는 바람… 틀어막아줘……

그래… 처음부터 다시 시작해… 구두가 말하게 내버려둬… 구두 속 피가 말하게 내버려둬… 그래… 그렇게 구두의 유령을 그려봐… 구두는 없었으니까… 그래… 그렇게… 구두의 윤곽을 배회하게 내버려둬… 그 배회를 사랑해… 그 밤을 사랑해… 그 밤의 윤곽인 거대한 유령을 사랑해… 그의 구두, 그의 구두를 핥지 마… 구두가 생식기라… 생각지 마… 내꺼든 〉뿐도〈꺼든(나는 분명 '〉뿐도氏〈'꺼라 했어)… 혹시 생식기가 아닐까 확인하듯… 잘린 구두를 빨 생각도 하지 마… 그 어떤 폭력도 행사하지 마… 다만 구두가… 녹다 만 구두가 좋아… 잘린 구두가 좋다고?… 그뿐이야… '그'뿐이라고?… '그'뿐도 폭력인데?……

그래… 구두가 말하게 내버려둬… 뿐도가… 뿐도가 말하게… 뿐도 구두가 뿐도 自身을 응시해… 녹아내린 구두를 응시해… 녹은 구우두… 녹은 구두를 응시해… 잘린 뿐도가 녹아내린 구두 內 씨눈 구두만을 응시해… 씨눈 內 구두 너머 칠흑을 경계 짓지 마… 잘린 뿐도가 세계인 척… 잘린 입술이 이 세계인 척… 그리고 이 세계가 마를 날 없는 유령의 혈연인 척 재현해놓지 마… 그 지난한 제스처를 좇아하지 마… 그 누구의 거울도 지각하지 마… 그, 지, 각, 마, 저, 바. 라. 보. 는. 눈동자… 그 눈동자조차 구두라 지각하지 마… 구두인 척… 내려다보는 발소리… 발소리 끝 눈동자… 응시해… 응시해… 응시해……

그래, 그렇게 잘린 의식 바깥… 눈동자 內 잘린 의식을… '층계'라 명명할 수 있는 그런 〈눈물〉이 존재한다면… 아… 잘린 눈동자 구두가… 아… 잘린 눈동자… 아… 잘린 눈동자 구두가… 뒤로 나를 껴안고 있어… 뒤로? 잘린 눈동자 구두가… 나를 껴안고 있는 눈동자 구두… 自身을 껴안고 있어… 구두와 이 세계와 나와 저 나비와… 아… 나비의 뜨거운 커—브… 구두가 녹고 있어, 아… 뜨거운 나비의 커—브… 구두가 녹고 있어. 어느 쪽이 실재(實在)야? 진짜 나야?

어느 쪽이 내가 팔랑거리는 세계야? 허공이야? 뜨거운 척 흉내 내이는 허공이야? 녹고 있다는… 뒤로 껴안고 있다는… 나무야? 어느 쪽이 나야? 구두가 실재야? 내가 실재야? 나비가 실재야? 내버려둬… 그렇게 한없이 잘리는 바람을… 나비를… 등 뒤에 내버려둬… 죽을 땐 혀가 도르르 말린다는데… 나비는 죽은 채 날아다니는 걸까… 나비는 온몸이 혀,

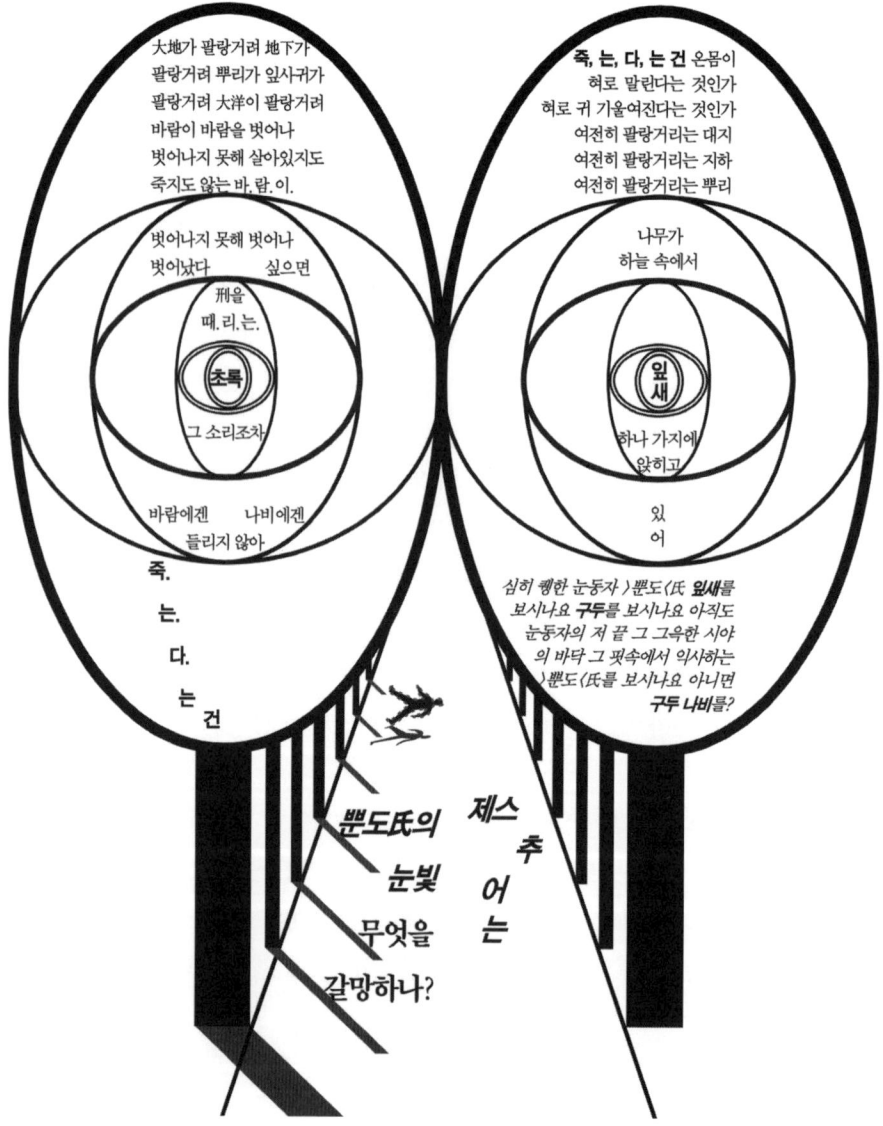

하느님이 〉기관〈 같지 않다?

하느님이 〉**나비**〈같다. 디자인이 〉**나비**〈같지 않은데… 〉**나비**〈같다. 피아노가, 다트판이 〉**나비**〈같은 건 아니겠지? 〉**나비**〈같다. '나비 같다' 가 〉**나비**〈같고, monami 153이 〉**나비**〈같고, 날개가 생겨나지 않고 153 디자인 저대로 〉**나비**〈같다. 목구멍으로 차오르던 이 흥얼거림이 〉**나비**〈같고 하느님이 〉**나비**〈?같고 모가지가 생겨나지도 울대가 팔랑 거리지도 않는데… 〉**뿐도**〈의 흥얼거림이 〉**나비**〈같고 하느님이 〉**나 비**〈 같다 같다던… 하느님이 전혀 〉**나비**〈 같지… 〉**나비**〈 같지 않다… 하느님… 하느님 〉**나비**〈가… 전혀 〉**뿐도氏**〈…〉**뿐도氏**〈같다……

하느님을 박멸하는 〈하느님〉, 비유박멸자(比喩撲滅者) 〉**뿐도**〈같다. 〈말〉 粥거리 다트판 같던 〉**나비**〈 피울음 피아노 같던 〉**나비**〈 "하느님이 〉**나 비**〈 같다"던 우리 〉**뿐도氏**〈가(당신은 분명 "우리 〉**뿐도**〈"라고 했어.) 하느님, 그 흥얼거림 먹는 〉**나비**〈같다. 눈동자가 팔랑거리지도 꽃가루가 묻어나지도 않는데… 그 모든 꽃가루 쏜 〉**피뼈**〈같다. 그 모든 섭취물 이며… 그 모든 꽃의 먹이… 〉**뿐도氏**〈가 음악… 음악만이… 〉**惡無限**〈… 〉**惡無限나비**〈…… "**피뼈**"는 빼자. 그래야 〉**나비**〈같지 않은가… 〉**찰 나**〈…〉**찰나**〈 죽어 날아가야 〈**나비**〉같지… 〈**나비**〉같지 않은가……

…첫 문장이 생각나지 않아도 좋아

    첫 목소리가 생각나지 않아도… 이 글을 쓰는 손이 없어도 좋고 내 앞에 피아노가 없어도 좋아… 악보가 없어도, 의자가 없어도, 이 손가락,
    이 손가락들이 없어도 좋아… 건반이 건반들로 출렁이는 동그란
    동그란 나무토막이 없어도, 줄이 없어도, 조율사가 길을 잃어버려도 좋고 말고 할 것 없이 그렇게 좋아… 가 ─ 비여윈* 둥근
    사상들, 이빨들 그리고 사랑들, 나를 떠미는, 목덜미를 잡아끄는 사슬이 없어도, 절벽이, 절벽이 없어도 좋아… 나는
    내 노래가 아니니까, 나나, 박헌규는 나의 노래 나의 노예가 아니니까 노예-노래-노예-노래 그 원환(圓環) 위로 떨어지는 채찍질, 빨갛게
    달아오른 어릿광대, 원한(怨恨)으로 벗겨질 가면 뒤 가면, 그 덧씀마저 그 부정마저 피아노가 아니라, 선율이 아니라 나는 좋아…
    내가 피아노라… 선율이라… 그냥 그렇게 노-노-노래를 앉히고 그냥 그렇게 선율을… 선혈을 한없이 떠다니게 해서… 내가
    그 울림통이 돼서… 울음통이… 울림통 같은 것이 돼서… 나는 좋고 말고, 그리고 말고, 흐느끼다 흐느끼지 않다, 노예가 되다, 노래가 되다, 주인이라는 어떤 사상(思想)이 되다, 나만의, 나만의, 나만의……
    나만이… 아닌 연민이… 사랑이 되다… 부서져 몸 안에서 서걱이다 서걱서걱, 서걱이다… 모래-노래-모래 위 피아노… 가 ─ 비여윈 둥근
    사상들… 오, 내 사랑, 내 사랑, 〈사랑〉을 사상하지 말아요… 동그란
    동그란 삼각형들… 날 물어뜯지 말아요… 이미 피가 철-철… 이미 피가 철-철-철… 내 사랑 목덜미가 철-철-철… 들러붙지 말아요…….

---

* '가비야운'이 옳으나, '가 ─ 비여윈'으로 했음.

첫 목소리가 첫 울음이 아니어도 좋아… 첫 울음이 첫 선율이 아니어도… 뒷문이 결국 이 복도의 뒷문이 아니어도… 출구가 출구가 아니어도…

그 출구가 혹시 뒷문이어도… 복도가 아니어도 좋아… 복도가 이 목소리, 이 목소리로 가로지르던 질구(膣口)가 아니어도… 〈사상〉이 사랑이 아니어도… 그런데 〈사랑〉이 뭐지? 사상은 뭔가요? 어머니가… 어머니가 아니어도…

내가… 내가 아니어도… 삼각형 같은 건… 부서진 삼각형 같은 건… 이빠라* 나간 삼각형 같은 건… 목소리 같은 건… 사상 같은 건… 사랑 같은 건…

출구 같은 건… 뒷문이… 그 모든 복도를 총괄하던… 출구 같은 건… 출구 같지 않은 건… 그, 그 총괄을 발사하는 총구 같은 건… 질구 같은 건… 목소리 같은 건…

그러니까 세계 內… 그러니까 존재… 그러니까 던져짐… 그러니까 나선… 그러니까 방아쇠… 그러니까 공이치기… 그러니까 폭발… 그러니까 관통……

관통의 반대는 뭐죠? 폭발의 반대는 뭔가요? 공이치기, 방아쇠, 나선의 반대는… 세계 內, 던져짐, 존재의 반대는… 세계 外, 無, 空白의 반대는……

그러니까 그 비전(Vision)… 그러니까 그 장면이 바라다보이던 그 비전… 그 비전의 반대는……

너 개새끼 그렇게 비꼴래. 너 개새끼 그렇게 파편화시킬래. 너, 너 십새끼, 개새끼, 개만도 못한 개 같은 연구자 새끼…

연구자도 못 되는 개 같은 개 같은 개새끼, 개만도 못한… 사랑만도 못한… 피아노만도 못한… 나무토막만도 못한… 저어 가 — 비여원 사상만도, 음부만도, 질구만도 못한… 삼각형…울대 삼각형…울대… 삼각형…울대…만도 못한…

---

* '이빨'이 옳으나, '이빠리'로 했음.

그러니까 개, 개, 개 이빨자국만도 못한 동그란 이빨자국, 이빨자국, 이빨자국만도 못한 개, 개, 개까지는 필요 없어요. 이 피아노만 **비우면**…

이 쏘白의, 물결의, 쏘白들만 **비우면**… 갈채들만… 박수들만… 포말(泡沫)들만… 배우들만… 언어들만… 물결들만… 어머니들만 **비우면**…

어머니들? 물결들? 언어들? 백지의, 나의, 당신이… 당신의, 당신의… 어머니, 어머니들인가, 부서지고 부서진 삼각형들, 이빠리들 —— 180도 —— 180도 —— 로 치켜세운, 고꾸라지는, 가라앉는, 인접한, 고개 숙인,

그러나 고개 숙이고, 고개 숙인, 그러나 인접하지 않는, 그러나 맞닿은, 그러나 미끄러지는, 그러나 흘레붙은? 그러나 짓이겨지지 않는, 그러나 한없이 부드러운… 그러나… 그러나… 이 백지 같은 것…

이 백지 같은 것… 이 백지 같은 것들… 그래, 이 쏘白… 이 쏘白 같은 것… 이 쏘白 연구자 같은 것… 스스로 같은 것… 언어 같은 것… 〈언어〉 같은 것들…

포말 같은 것… 배우 같은 것… 언어가 아닌 것… 개가 아닌 것… 내가 아닌 것… '개 같다'가 아닌 것… 어머니가… 어머니가… 어머니가 아닌 것 같은 것들…

그러니까 스트로우… 바깥이 없는 스트로우 같은 것… 유동적인? 역동적인? 활발한 서서히 죽어가는? 죽어가는 것 같지도 않은…

죽어가는 것 같지도… 죽어가는 것 같지도 않은 것 같은… 〈스트로우〉라는 망령… 혹은 망령될… 어떤 목소리 같은 것들… 목소… 목소… 목소리로…

목소리 꽂기 같은 것들… 바깥이 없다는… 바깥이 있다는… 목소… 목소… 목소리로… 목소리 꽂기 같은 것… 목소리 꽂기 같은 것들…

무릎 같은 것… 질구 같은 것… 자궁 같은 것… 언어 같은 것들… 목소리… 목소리… 목소리로… **이름 꽃혀질** 〈목소리〉 같지도… 목소리 같지도 〈않은 것〉들…

박헌규… 박헌규… 박헌규는 없으니 다시 시작해보자, 글 쓰는 쇠파리, 소부르주아의 악취, 공명심의 몸부림* 너 〈손가락-손가락〉이여.

손가락-손가락은 없으니 다시 시작해보자, 너 뚱땅-뚱땅거림이여. 조율사가 찾아오지 않아도, 뚱땅-뚱땅 귀를 기울여보아도, 뚱땅-뚱땅거리던 그 소리가 기어이 길을 잃어버려도 다시, 다시 시작해보자, 너 귀머거리 피아노여.

너 이빠리, 이파리 피아노여. 다시, 다시 시작해보지 않으련? 날아가보지, 곤두박질쳐보지, 박살나보지 않으련!

---

* 박찬일의 詩 「차라투스트라의 동굴」 중에서.

비린내 나는 풍경을 쓰자고 죽은 물고기를 들여놓지 않습니다

버스가 있습니다. 방(房)에는 버스가 있고 거울이 있지요. 사실 버스는 없습니다. 버스가 있단 말도 거울이 있지요란 말도 없다는 말보다 **못한** 말인지 모르겠습니다. 있다는 말인가요, 없다는 말인가요.

버스가 있다 없다, 거울이 있다가 없다 한단 말인가요. 비추지 않다 비추다 비추지 않는단 말인가요. 시곗바늘이 **멈추듯, 순간**순간 죽어나가듯, 그 죽음이 세계의 정지이듯. 거울이 무한한 정지 아닙니까,

'바깥'이라 해야 할까요. "**바깥?**" 세계가 빠져나갈 수 없는 거울 아닌가요. 앞좌석에 앉습니다. 누가 또 죽어나갔나, 앞좌석이 죽어나갔나요. 끝없이 **거울을 베껴내듯** 앉습니다. 앉아요, '앉는다' 해두죠.

바깥이 칠흑으로 스미든 죽지 않는 주름이었군요. 죽지 않는 주름이 죽지 않으니까, 스미다 스미지 않다 죽지 않는 주름이 영원하니까, 주름 버스주름기사주름승객이 죽지 않는 **당신 자리**니까,

병이죠. 自身을 확인하려는 양 두리번거리듯 어디에도 거울은 없고 거울은 당신을 모르죠. 거울을 모르는 당신이 죽어나간 몸으로 '앉는다' 해두죠. 죽어나간 **당신 위로** 몸을 앉히면 어떤 느낌이 드나요? 거울은 얼굴로 닿을 수가 없습니다. 거울은 얼굴을 내딛고 있는지 모릅니다.

거울을 내딛던 얼굴이 오르지도 내리지도 못한 칠흑의 주름인 양 말입니다. 앞좌석에 앉습니다. 방금 죽어나간 **주름의 이름**이고 싶나 봅니다. 횡설수설하지 마세요. "제 자리죠," "내 자리지." "주름들 눈으로 바라본 그 방에는 버스가 있네." "마주보는 거울이 있지,"

거울 한편엔 "서로 혹은 홀로이"가 있고… "서로 혹은 홀로이" **주름 잡는** 당신이 있고… 당신이 없습니다. 늘 그렇듯 방에는 홀로이가 없지 않았습니다. 홀로이가 없지 않았던 방을 상상해보세요.

홀로이가 없지 않았던 당신이, 홀로이가 없지 않았던 거울이 떠올려집니까. 홀로이가 없지 않았던 주름이, 홀로이가 없지 않았던 계단이, 홀로이가 없지 않았던 **얼굴**이 떠올려집니까.

방에서 내립니다. 옛날이 죽은 현재를 차려입고 죽어가는 투로 당신이 많습니다. "…현재가 아니죠?" 까맣게 뭉개지던 옛날이 죽은 미래를 차려입고 죽어가는 투로 거울이 많습니다. "**바깥?**"

멈춘 듯 분주한 주름의 이름을 싣고 버스는 내달리고 앞 좌석은 分明 비어 있습니다

깜깜 껌껌 끔끔 쿵쿵

　　-냄새 나,-무슨 냄새?-화환(花環) 냄새?-회한(悔恨)에게 냄새가 있나,-단자 냄새?-단자가 좋아…-향기로와…-단자를 꽂고 잤어—어디서?-
　　-꿈에서…-끝에서…-끝이 좋아?-행복해?-행복해.-행복이 뭘까?-다 같이 단자를 꽂고 잠드는 걸 거야…-다 같이 깨어나지 않는 걸 거야…-다 같이 깨어나 꿈꾸는 걸 거야…-꿈꾸듯 현장(現場)을 산책하는 걸 거야…-
　　-자,-다 같이 엉덩이를 붙여.-단자에게 엉덩이가 있나,-등이 있나,-머리가,-꼬리가 있나.-제1부위 회한은 저기,-제2부위 화환은 저기.-
　　-컨베이어 벨트에 누워-그래, 누워서!-잘 생각해야 돼.-뭘?-단자거죽이 짓뭉개져가는 걸,-기관이 거죽인 단자들이 손쓸 수 없게 타들어가는 걸.-
　　-타들어가?-말만 들어도 떨려.-말-만-들-어-도-단자들이 한 다발, 한 다발 무더기째 이동해.-협착가치를 위해!-칠흑가치를 위해!-손가락뇌(腦)?-가치를 위해!-그래, 손가락뇌 가치를 위해 모조리 소각될 거야.-
　　-기관 없이?-불길 속으로!-그래, 기관 없이 불길 속으로!-의식(意識)별 단자의 회한들이 부둥켜안고 기관 없이 말이지?-그 단자별 지각의 화환들이 거죽 밖으로 말이지?-그래, 이 거죽이,-이 기관을 어쩔 수 없잖아.-
　　-이 단자가,-이 거죽을…-그리고 또 누가 있었지?-회전체주의…-압착주의…-손가락뇌주의…-뇌일 리 없는 프로그램이 끼고…-단자일 리 없는 다발이 끼고…-프로그램 없이 **요동치던 다발일지 모르는**…-단자……-

　　……그……의……식……없……는……거……죽……의……
진………동………을……받……아……적……어……

......이......식......프...롬......프......터............응......답...........없............음.............

내가 나라는 것을 기억하지 못하는 것이 내가 나라는 것이, 기억하지 못하는 것이냐, 내가 나라는 것을 기억할 수 없는 내가 나라는 것을 기억할 수 없듯 이 나라는 것들조차 이 詩를 잠시 연기(延期)하고 있는 나라는 것들로 잠시 연기라도 해보려는 듯…

(……)

이 詩를 덮치려고, 집어삼키려고 현관이 됐든, 층계참이 됐든, 내가 됐든, 그 뇌구조(腦構造)든, 벌집이든, 들쑤시는 이 언어가 됐든, 그 어떤 언어의 뇌수(腦髓)가 됐든, 그 어떤 언어의 뇌수가 마음에 들었든, 들지 않았든, 이 뇌구조가 벌집이었든, 철쭉 봉오리를 맴돌던 벌들의 향방이었든… 한마디로 말하자면 그 한마디를 말해보자면 그 '윙윙거림' 혹은 '왕왕거림' 이라는 암살자들을 기다리고 있었던 것이냐. 종이 위에 먼지가, 먼지 위에 글씨가… 글씨 위에 쏟白, 쏟白 위에 먼지… 나는 또 누군가로 바라보네… 종이가 먼지를… 먼지가 글씨를… 또 누군가가…

(……)

누군가로 바라보네… 현관이었을 거야… 누군가… 현관… 누군가… 뇌(腦)… 누군가… 현관… 뇌… 현관이었을 거야… 그 누군가… 뇌구조가 그리는 뇌구조… 뇌구조…였을 거야… 아니면 층계참 그 층계참이 그려나가는 뇌구조… 뇌구조…였을 거야… 벌들을 생각해봐. 철쭉, 철쭉 봉오리를 맴돌던 벌들을, 벌들을 생각해봐. 그 벌들 꽁무니에 붙은 부스러기를 기억해봐. 이 말들이 모두다 만 〈노오란〉 부스러기, 부스러기들을… 꽃그늘 아래 바람… 서늘한 바람… 이 바람… 글씨… 당신… 이 목소리들을… 머리가 아프다… 기억하지… 못한다가…

(……)

기억하지⋯ 못한다⋯ 내가 아니다⋯ 기억이 아니다⋯ 이 말들이 아니다⋯ 이 목소리가⋯ 내가⋯ 없다 기억나지 않는다 기억날 리 없다 기억나지지 않는다⋯ 망가질 듯 망가질 듯 망가져지지 않는다⋯ 산산조각 나지지⋯ 주⋯워 담지⋯ 못할 만큼⋯ 온갖 파편으로⋯ 온갖 파편의⋯ 온갖 파편들로⋯ 발화되지지가 않는다⋯ 아니다 이 말들이 아니다 이 목소리가⋯ 내가⋯ 없다 기억나지 않는다 기억날 리 없다 기억나지지 않는다⋯ 망가질 듯⋯ 망가질 듯⋯ 망가져지지가⋯ 않는다⋯ 산산조각 나지지⋯ 흩어져⋯

(……)

주⋯워 담지⋯ 못할 만큼⋯ 산산조각 나지지⋯ 온갖 파편의⋯ 온갖 파편들로⋯ 발화되지지가 않는다⋯ 처음으로⋯ 맨 첫 목소리로⋯ 돌아가지지 않는다⋯ 돌아가지지⋯ 돌아가지지가⋯ 나는 여기서 끝이다. 끝, 끝, 끝이다⋯ 먼지 위에 글씨가, 글씨 위에 종이가⋯ 종이 위에 세계, 세계 위에 쏟白⋯ 나는 또 누군가로⋯ 바라다보네⋯ 머리가 깨진⋯ 머리가 깨진 현관이었을 거야⋯ 뇌수가 터져나온? 층계참이었을 거야⋯ 내가 날 덮치려고, 집어삼키려고.

(((PARKER)))

((((((병잉크는 밤의 유리고래야 끌어당기고))))))
((((((끌어당기는 유리밧줄이야 굽이치는 남빛 파도))))))
((((((솟구치는 남빛 물줄기 얼마나 더 끌어당겨야))))))
((((((지면(紙面) 위로 스밀까 유리고래는 가물가물))))))
((((((보이지 않아 유리고래는 아물아물))))))
((((((깊고 아득해 밤이면 잉크 뚜껑을 열어 발을 담가))))))
((((((손가락 사이사이 잉크 지느러미가 돋아나))))))
((((((허벅지 사이사이 잉크 배꼽이 돋아나))))))
((((((가랑이 사이사이 들리지 않는 울음이 찰랑거려))))))
((((((손가락은 무릎이 없고 배꼽이 다섯이나 되고))))))
((((((손가락은 유리고래 등을 돌고 도네))))))
((((((사각사각 떠오르는 팔꿈치는 말의 활주로))))))
((((((까마득히 펼쳐지는 후두와 울음 사이))))))
((((((까마득히 쪼개지는 음향과 허파 사이))))))
((((((끊임없이 발화되는 이 병(病)은 시린 유리점자야))))))
((((((뿜어도, 뿜어도, 뿜어지지 않는 유리분수야))))))
((((((소복이 먼지 쌓인 어깨 없는 유리죄수야))))))
((((((두툼한 목덜미가 풀어졌다 떨어졌다))))))
((((((울렁이는 **(((PARKER)))**의 쩍 벌어진 가슴이))))))
((((((출렁이는 **(((PARKER)))**의 쫙 퍼진 얼굴로))))))
((((((트트트 잡아당기는 유리작살이야 유리얼굴에))))))
((((((유리가슴 찌르고 쫭쫭 바숴져 날리는))))))
((((((핏빛 수중가야))))))

망각의 막간극

Tape-A

〈배우〉

사이 9

사이 3

사이 0 (사이 9, 사이 3, 사이 6이 '**사이 0**'을 연기한다.)

사이 6

막 (사이 9, 사이 3, 사이 6으로 분(扮)한 '사이 0'이 막을 연기한다. 그러나 사이 9, 사이 3, 사이 6 自身이어선 안 되고 극(劇)의 옷을 갈아입은 詩인지, 詩의 옷으로 바꿔 입은 대화 한 토막인지, 이하 글쓰기의 글쓰기를 겹쳐 입은 텍스트인지 —— 이 이상 검열을 가할 수 없고 이 이상 검열을 가해야 겨우 테잎이 돌아가는 목소리로 —— **어느 詩공간**이 암송하고 있을 이 끝낼 수 없는 글쓰기를 그러나, 암송기계 같지는 않게 최대한 밝고 침울한 목소리로 —— 조울증 앓는 단어 같지는 않게 연기한다.)

〈무대〉

어느 **詩**공간

암전(暗轉)

한 손으론 배터리를, 한 손으론 육신을 끄른 시계를 집어 올리고 집어 올리는 듯이 —— 아니 그 손가락-핀셋-손가락-핀셋이 시계가 끄른 존재인지, 육신이 끄른 시간인지 모를 정도로 —— 아니, 아니 지시문(指示文)을 끄른 「지시문」들이 지시문 自身의 연기(延期)인지, 그 영겁(永劫)을 끄른 0겁(0劫)인지 모를 정도로 —— 그 연기되고 연기된 지연(遲延)들이 그 연기될 듯 연기된 **지연**을 집어 올리고 집어 올리는 듯이 ——

사이 9 당신은 배터리를 끼우고 시각을 맞추는 人生입니까? 시각을 맞추고 배터리를 끼우는 人生입니까?

사이 3 배터리를 끼우고 바늘을 돌려 시각을 맞추는 人生입니다. 두시 사십오분이나(2:45)이나 영시 삼십분(00:30), 여섯시나(6:00) 아홉시 십오분(9:15), 수직으로 뻗고야 마는 人生, 죽도록 살도록 뻗고 싶은데 기어이 뻗어지지 않는 人生 말입니다.

사이 0 그러니까 당신 말은, 끊임없이 원무를 추는 무위(無爲)의 겹쳐짐 그 시각의 육신 自身이 펄펄 날아다니는 유령이라도 되는 양 —— 어느 무위에 프랙치시킨 숫자판의 유령이라도 되는 양 —— 그러니까 저 못대가리 흐릿한 동공을(겹쳐질 수 없는 찰나의 십자형(十字刑) 허공을) 가르고 가르는 어느 십자형 침상의 육성(肉聲)으로까지 들려 오는데 —— 이 무대가 누구 무덤인지 몰라도 상관없고 안다 해도 신경 꺼도 무방한 우리 탑돌이 자매형제님, 이곳이 저기 같고 저곳이 여기 같던 비명(碑銘)의 제 감각이 혹여 빗나가진 않았는지요.

빗나갔습니다, 빗나갔어, 빗나가도 한참을 빗나가서 **사이 13**에게 대사를 부여해 보려다… 물론 그 말 또한 십자형 침상에 대한 불가능한 넋두리겠지만, 여기서 詩 공간은 한이 없겠습니다. 싸구려 원두 방향제 냄새만큼 한이 없겠습니다. 그렇게 유령은 한이 없고 한도 끝도 없이 꺼진 낯빛으로 그러나, 고개는 숙이지 않고 몸이 아예 고개 숙인 낯빛으로 한이 없겠습니다. 어렵나요? 결코 어렵지 않습니다. '침상이 되어가는 나'라는 표현이 '내가 되어가는 침상'으로 전도(顚倒)된 것뿐입니다. 그 표현을 변주하고 비틀다 다시 (나)로 돌아가거나 (침상)으로 돌아가다 (침상)도 (나)도 아닌 매트리스 그 존재하지 않는 내부 —— 단지 시곗바늘과 시곗바늘의 엇갈림이며 지각할 수 없는 안식(安息)일 뿐인 —— 어떤 빵부스러기로 돌아가는 것뿐입니다. 건망중으로 수간됐다 봄볕으로 풀러났다 비존재를 존재로 남용하는 깃뿐입니다.

당신은 건망중을 망각한 건망중이자 봄볕으로 타전(打電)되고 있습니다. 당신은 건망중을 망각한 건망중이자 차갑게 식어버린 관객으로 타전되고 있습니다. 당신은 건망중을 망각한 건망중이자 말에 붙은 어떤 단어로 타전되는 것뿐일 겁니다. 단어가 연기하는 호흡의 영(靈)인 양, 그 코와 입을 틀어막은 베개의 영인 양 두 동강 나던 유령의 영을 두 동강 나는 코와 입이 틀어막는 것뿐일 겁니다. 그런 질식베기 운동의 소산이 퇴행으로의 이행을 부단히 자행하고 있을 자해공갈단의 실체라 생각하면 오산입니다. 오산은 크지 않을 것입니다. 자해공갈단은 사실이 아닐 것입니다. 큰 존재가 아닐 것입니다. 많음으로서 희박일 것입니다. 구체(球體)의 명료치 않은 어느 상자일 것입니다. 당신은 원형(原型)의 어느 무대일 뿐일 것입니다. 부러 상황을 증식하지 않을 것입니다. 부러 상황을 증식하는 단어들이 이 글쓰기가 연기하는 막간(幕間)을 잠시 빌리는 것뿐일 겁니다. 갔다가 왔다 늘 다니던 길을 돌아서 왔다 머물다 갔다 늘 낯선 길로 염탐하는 것뿐일 겁니다. 이쯤에서 당신은 단락을 나눌 것입니다.

지나온 길을 뒤돌아보지 않을 것입니다. 지나온 길을 뒤돌아봐도 손해되는 꿈이 아닐 것입니다. 그런다고 꿈길만 헤맨다 하면 큰 오산일 것입니다. 큰 오산이 아닐 수도 있었을 것입니다. 오산은 크나크지 않을 수 있었을 겁니다. 꿈에도 자해공갈단이 아닐 수 있었을 것입니다. 큰 존재가 큰 물음이 아닐 수 있었을 것입니다. 나는 큰 존재가 아닐 수 있었을 것입니다. 나는 이 가상을 사랑할 수도 있었을 것입니다. 이쯤에서 당신은 단락을 나눌 것입니다.

이 이상 증식하지도 반복하지도 않을 것입니다. 이 이상 반복을 사랑하지도 반복에 기대지도 않을 것입니다. **기대면 추락 위험** 7층 엘리베이터 안에 서서 1층 엘리베이터 문을 바라보지 않을 것입니다. 그런다고 7층에서 뛰어내린다 하면 오산입니다. 죽어도 삼각으로 잇댄 관목(灌木) 세 그루. 이쯤에서 당신은 뛰어내릴 것입니다. 죽어도 내려다보는 눈이 올려다보진 않을 것입니다. 죽어도 내려다보는 눈을 하늘로 떨구진 않을 것입니다.

…(중략)…

담배에 불을 붙인다. '묘비명'이라고 하는 것—詩—소설—희곡—이하 글쓰기의 글쓰기가 타오르지 않는다. 연기가 나지 않는다. 시상(詩想) 함량 無 장르 담배랄까, '담배에 불을 붙인다.'라는 함량에 불을 붙인다. 이제야 연기가 나기 시작한다. '시상 함량 無'라는 말이, 함량을 벗어나는 이 연기, 이 연기를 바라보며 말한다. 유령이 몸을 풀어 말한다. 구불구불 사라지는 그 수직의 길일 따름이라 말한다. 그러나, 애태우진 않으며 내가 태우는 이 담배가 간신히 유령이라 말한다.

손가락 사이 유령을 기르고 있었나, 흘러 다니는 둥 마는 둥 '말한다' 그러나 빈둥대지는 않고 떠도는 둥 마는 둥 "너도 참 많이 죽었구나," '말한다' 나 自身이라는 그 길을 한 유령이자 다른 유령으로 뒤따를 뿐이라 '말한다' 그러나, 나 自身이라는 그 길이 쓸데없이 길다. 마음에 들지 않는다. '말하고' 큰 존재가 말이 없다. '말한다' 큰 존재가 묵묵부답 '말한다' 기화(氣化)하는 미간이 큰 존재가 아닐 거라… 기화하는 큰 존재가 찌푸리지 않을 거라…

이 말을 확인한 큰 존재가, 큰 존재는 유령일 따름이라 '말한다' 빈곤한 큰 존재가, 빈곤한 큰 존재를 유령이라 '말한다' 그러나 확언하지 않고, 위로하지 않고 큰 존재가 수평선으로 드리운 손차양일 뿐이라 '말한다' 180도 엇갈린 '말한다' 균일한 우주 끝 '말한다' 황금빛 물안개 '말한다'

사이 0 물론 이 글은 지시문이며 대사입니다. 허지만 대사가 아니고, 지시문이 아니고「망각의 막간극」의 허무맹랑한 별 볼 일 없는 그렇고 그런 (냄새로 할지, 체취로 할지 고민하는 듯 하늘의 팔목을 바라보며) 하늘의 팔목에선 피가 튀지 않습니다. 하늘의 팔목에선 피가 튀지 않고 (가상의 神에 박혀 가상의 神이 떨어지지 않고) 나는 죽지 않는 죽음 나이를 가늠할 수 없고 가늠할 수 없습니다. 물론 天體까지 뒤덮은 미지지와피티나*로 할지, 설사냄새로 할지 살짝 고민하는 듯 다시 한 번! 하늘의 팔목을 바라다보며 다시 한 번!

사이 0 '설사냄새, 설사냄새들'이라 수정해두죠. 설사냄새가 아니라 설사냄새들? 그런데 '설사냄새, 설사냄새들'이라 수정해버리면 지시문인지 대사인지 영 알 수 없는 이 말들이 직립해 누워 있으면 안 되고, 직립이란 말에선 도무지 인류냄새가 나지 않고, 흐르지 않고

---

* Mizizi wa fitina : 말썽의 뿌리.

  솟구치는 수평선으로 주저앉는…물안개…물안개… 아니 '솟구치다'
라는 말은 수평선이 어느 詩공간으로 끝없이 존재한다는 말로,
'새어 나간다'는 말의 원근법으로 수평선의 결, 곁뿌리로까지 들려
오는데 — 황금빛 결, 곁뿌리를 껴안고 한쪽 눈은 뜨고 한쪽 눈은
감은 0겹의 태양 그 어느 한 면의 비명으로까지 들려오는데 —

사이 0 이 무덤이 홍학이더냐, 공작이더냐, 새장(언어) 속 앵무더냐, 시상
묘원(이 또한 새장) 속 저절로 움직여야 죽어 나자빠질 듯 꼿꼿이
걸음 옮기던 꿈이더냐, 이 꿈**꿈**을 덧입은 (유령)이더냐, 山 山 비탈
비탈 나 나 (나)이더냐. 이 말이 무슨 말인가? 무슨 말이 어느 한 면
의 얼굴이 내비친 어느 0겹의 속셈들인가! 어느 0겹이 내비친 어느
한 면의 허무. 無, 無, 無가 허무는 無의 허무. 다시 말해, 無가 無
를 의식 못 하는 숨결, 바람, 생명,

사이 0 그래, 생명! 약동! 꿈틀거림! 괄호! 괄호, (괄호)를 깨뜨리게 하고
한쪽 눈을 뜨게 하고 0겹의 한쪽 눈을 감시케 하는 나는 당신은
큰 존재는 — 큰 존재가 존재한다면, 0겹의 (**막**)을 깨뜨릴 큰
존재가 큰 존재가 존재한다면 — 0겹의 (**말**)을, 0겹의 (**꿈**)을,
0겹의 (**劫**)을 밑도 끝도 없이 줄이고 구토처럼 확 퍼진 옐로우 레드와
옐로우 사이 어떤 톤$_{(tone)}$으로 토해내야 하는데 나는 이제, 나는
이제 그럴 힘이 남아 있지 않습니다. 그러다 문득(문득이 아닐 텐데
당신은 곧 죽어도 '문득'이라 하는군요),

의식을 빼버리면 가버리는 당신은……　　　　　누군가 여섯이면…
가다… 가버리…는 당신은… 톱니 하나 부러트리면…　　　가다…
가버리…던 당신은……

세계가 적어도 여섯이면…　　　　　한　　　　　몸
뚱어리로　　　　존재하는 당신은……

내가 자루처럼 그곳에…　　　　　　　　십자형
침상으로 매달리면 작동하던 당신은……

그 人生을 바꾼

힘

　　　　힘

　　　　　　　힘

　　　　　　　　　이

　　　　　　　　　　라

　　　　　　　　　　　　는 광선조차

의식을 빼버리면 가버리던 당신은…… **누군가 빼버리면**… 누군가 여섯이면…
가다…가버라…던 당신은…… 톱니 하나 부러트리면… **갈아버리면**… 가다…
가버라…는 당신은……

세계가 적어도 여섯이면… **세계가 적어도 한몸뚱이**… 한몸
뚱어리로 **기능(機能)하면**… 존재하던 당신은……

내가 자루처럼 그곳에… **내가 자루처럼 그곳에**… 십자형
침상으로 **매달리면** 작동하는 당신은……

그 人生을 바꾼 **십자형 침상 당신은**……

사이 3 오, 가버린다는 것. 바라보는 흐릿한 눈이 있었다는 것. 항복의 표시도 전복의 표시도, 전복을 정복할 수 없는 체념의 표시 또한 더더욱 아니었다는 것. 그 옛날도 그 옛날의 이 미래들도, 이 미래? 이 미래? 더 쥐어짜져야 토해내는 詩? 살살 게워내는 詩? 「묘비명 파헤치기」? 「유령 사이氏의 一日」? 유령 사이氏가 존재한다면 그들 백넘버를 재배치할 것. 9는, 6으로 분한 0을 프락치하고 8은, 3으로 분한 0을 프락치하고 9가 프락치하던 웃음소리를 9로 분한 0이 교체하여 프락치할 것. 없는 타임아웃으로 교체를 교체함으로써 감독-코치까지 다 써버린 벤치를, 그늘질 것도 없는 제로-섬(Zero-sum) 게임을, 죽어라 죽고 있는 찬란을 뒤섞고 뒤엎을 것. 빛도 육신도 어둠도 없는 이 세계. 종이? 희다는 찬란조차 휨-휨-휨이라는 光線조차

휘어버리는 거품주걱 그 거품주걱마냥 매달린 새장 그 퍼지지 않는 광원(光源)으로 뒤섞고 뒤엎을 것. 엎어지지 않는 백넘버의 유령 그네들로 엎어지고 엎어지던 교독자(交讀者)의 가슴에 일단(一段)짜리 삶을 수놓을 것. 아니 수놓고 있다는 것. 교독자? 무위의 자매형제? 일단짜리 삶? 나의 詩? 수(繡)?

사이 6   갑자기 당신 人生이 바뀐 이유가 뭘까요? 시곗바늘을 돌려 시간을 맞추고 희번득 수명을 부여한 이전(以前), 누군가 배터리를 끼우고 움직이는 시곗바늘을 돌려 시간을 맞추던 그때처럼(나는 '망각'에 관해 곰곰 생각하다 잠에 가속이 붙었답니다. **시곗바늘을 맞추고 배터리를 긴 이후(以後), 움직이던** 바늘에 가속이 붙어 놀아갈 듯 돌아가지 않던 십자형 침상과 함께 말이죠.)

클로즈업 되는 **사이 6**과 **사이 3**

사이

(존재더미 위 존재더미 없는 유령놀이)

존재더미 위 존재더미 없는 유령놀이

관객은 일제히 일어나 떼창(唱) —— 개중 앉아 있는 카타르시스는 미처 갈았지 않은 카타르시스이자 어느 詩공간의 또 다른 막과 사이를 향해 떼창 —— 외따로 밀착돼 붕 뜬 관객을 쪼글쪼글한 관객으로 걸친 쪼글쪼글한 관람석이자 터지기 직전 날아갈 채비 마친 쪼글쪼글한 풍선으로 혹은 유령으로 분한 위작(僞作)의 카타르시스 —— 그들을 파괴하는 가상의 神이 들여다보던 폭설조준경으로(너 이 새끼, 이렇게 비트니까 그럴듯해 보이지? 그럴듯해 보이던 게 그럴듯해 보이지?)

그럴듯해...보이던...게...그럴...듯이......그러니까...게스투스...게스투스를... '텍스트적 몸짓'으로 명명해버리니까... 사회 자체를 텍스트 자체로... 이 사회 자체가 사라진 것으로.. 지워진 것으로 해버리니까... 없애버리니까... 폐기해버리니까... 텍스트적... 텍스트적 몸짓으로 명명해버리니까... 다시 말해... 사회 없음... 세계 없음... 보도할 신문 없음... 지면 없음... 사건 사고 없음... 사망자... 출생자... 구독자... 침파편... 침파편 없음... 그 없음 없음 없음...... 그 없음 없음 없음......?

이러면 詩가 안 되지... 사회를 없애버리면.. 이 세계 자체를 없애버리면... 詩가... 詩가... 될 수 없지... 아무리 無가 좋아도 이러면 안 되지... 너무 가버린 거지... 내가 나를 살살 난도질해버린 거지.. 당신이 당신을... 큰 존재가 큰 존재를... 수습할 수 없었던 거지... 이 詩身들이... 이 詩身을... 이 詩가... 이 詩들을... 이 텍스트가... 이 텍스트들을... 처리할 수... 매립할 수 없었던 거지... 거지... 거지.. 같은 그럴듯함! 조소! 위악! 조롱! 한갓 생채기 위에 생채기 내기! 큰 존재 몸에 큰 존재 긋기! **無** 위에 겁!

劫 위에 무! 그리고 또? 그리고 또! 詩身 몸에 詩身! 이 詩 몸에 이 詩! 이 텍스트 위에 이 텍스트! 그리고 또! 그리고, 그리고 또! 십자형 〈십자형〉 침상이 십자형 〈십자형〉 허공을! 존재 위 〈존재〉 위 더미가 무위 위 〈무위〉 위 육성을! 포위해버린! 감싸 안아버린! 내팽개쳐버린! —— 수전증 온 비석공이자 「묘비명 파헤치기」 파묘꾼으로 —— 이 축축한 이 척척한 관람석 위로 거꾸로 기립한 단어의 숲 그 요람에 새겨질 〈묘비명〉으로 ——

Tape-B

온갖 욕지거리 퍼붓는 뺑긋거림들…

입속(**으로**) 입(**속**)으로 (**입**)속으로 흘러넘치는 뺑긋거림들…

(**입**)에 담지 못할 (**입**)을 '발명'한 듯 과장되고 과장된 제스투스들…

그 제스투스를 가장한 막간으로 간신히 존재하는(**목소리**)들…

간신히 목소리를 긋는…(**목소리**)들…간신히

입술을 긋던…(**입술**)들…간신히 소음을 긋는…(**소음**)들…

막 발화하기 시작하는, 발화되는 (**순간**)

절멸(絶滅)하기 시작하는 간신히 (**떨림**)을 멈춘…

흐름을 (**멈춘**)…제. 스. 투. 스. 제. 스. 투. 스.

(*제*).

(*스*).

(*투*).

(*스*).

〈**망각의 막간극**〉들

Replay { 사이 9 / 사이 3 / 사이 0 / 사이 6 / 막 }

〈망각의 막간극〉들

막 눈이 온다
눈이 눈이 온다는 것이네 눈이 온다는 그 소리 그 음향 그 효과가 그 음향을 그 소리를 저어간다는 것 저어간다는 것이네 그 날씨 그 시무룩함 그 영원이 그 의문 그 과잉 그 몸짓을 저어가며 이 말들마저 저어가며 눈이 온다는 것이네

막 눈이 온다
는 그 몸짓 그 몸짓을 같은 방향으로 저어가지만 어느 한 몸짓도 같은 음향 같은 방향으로 저어갈 수 없다는 것 저어간 몸짓은 같아도 같은 향방으로 저어가길 포기한 사람 저어간 노를 버리고 잘못 저어간 그 목소리로 **즐거이** 매달린 사람 나 같은 사람이 나 같은 사람을 저어간다는 그 사람

막 눈이 온다
고 눈이 눈이 온다고 가슴속 어디선가 통통통 중얼거리는 그 사람 그 음향 그 소리 그 몰락이 그 몰락을 저어가는 거라고 통통 튀어오르는 거라고 통통통, 통통통 그 사람이 나라는 음악을 눈이라는 관객을 아, 그림자가 그림자를 아, 그림자가 그 바람밖에 안 남은 그림자를 저어가는 거, 저어가는 거라고

막 흘릴 눈물
도 끓을 무릎도 없이 저어간다고 내가 당신 곁을 떠돌길 죽은 죄를
지었다고 죽은 죄가 죽은, **삶**이라고 그 바람이 그 폭풍을 그림자를
그림자의 폭풍을 저어간다고 불구의 그림자를 폭풍을 저어 저어간다
고 말이 없다고 눈이 온다고?

움직이고 나면

우울하다. 움직이지 말아야 한다. 우울하고 나면 우울하다. 우울우울 우울하지 말아야 한다. 이 詩를 어떻게 끌고 나갈 것인가?

이 詩를 어떻게 끌고 나가든 우울하다. 이렇게 끝내도 저렇게 끝내도 우울하다. 우울의 끝은 이 詩의 끝 어딘가 오, 끝맺음의 우울이여.

나는 객석에 앉아 있고 객석은 나를 옮기고 오, 힘이 장사군. 이 詩가 객석인가, 내가 이 객석인가? 세계 따윈 사라지지 않는다.

이 순간 따윈 오, 내 손이 내가 아니란 말이군. 이 리듬이 나, 이 세계가 아니란 말이군. 말이 되어가는 입술, 이 세계가 되어가는

이 입술, 이 지면(紙面), 아, 쏟아지는 이 글씨가 전부 내가 아니란, 아니란 말이군… 아, 글쎄 그렇대두, 아니 글쎄 그렇대두. 누군가 누군가와 말 장구 친대두. 내가 그 누군가 그 누군가 그 누군가와……

오, 무의식의 종말이여…, 종말의 종달새…여, 빌어먹을 별안간 아, 움직이고 나면 우울하다…여, 그래, 움직이고 나면…

움직이고 나면… 그 움직임 그대로 우울하다…여, 저대로, 이대로, 우울하다…여. 아니 나는 움직이고 있는데 움직이고 나면 우울하다?

나는 지금 움직이고 있는 움직임 그대로인데 우울하다? 우울하고 나면 우울하다? 내가 현재 진행형 우울 자체인데 우울하다?

우울中 雨中… 우울中 우주… 우울중 雨中… 우울중 우주… 全인류적으로 雨中 우울中… 비가… 비가 온다…… 全인류적으로 悲歌… 비가 온다……

／／／／／／／／／／
／／／／／／／／／／
／／／／／／／／／／

//////////////////////////////////////
//////////////////////////////////////
대/////홍/////수/////대/////홍/////수/////대/////홍/////수
아! 말의 홍수쇼! 지상 최대, 최고의 홍수쇼! 최대, 최악의 비가 오냐?
비가 오냐구? 어랍쇼, 또 목소릴 바꿔볼까, 갈아 끼워볼까//////////
(무슨 디밍(Dimming)전구도 아니고)조절해볼까//////////////////
돌아가볼까, 비가 오냐구? 비가 오, 悲歌, 비가 오냐구?//////////
아, 말 끊지 마. 그 말이, 이 말이, 저, 저 말들이 全인류적으로/////////
全, 全인류적으로 움직여야죠. 이 詩를 끝내려면//////////////
아무 말 말아야죠. 그래, 그 입 처다물고 그만! 치는 그만! 처처처는//
그만! 제발, 처다물고 처처다물고 "제발 그만!"이라고 하면//////////
더 처처다물고 그만! 움직이고 나면 끝, 끝장///////////////////
그만! 이 詩를 처죽일 방도에 처(處)한 이 詩, 나, 그대, 물결, 아무래도
저어갈 방도 없는 저어 물살, 저어 저어 詩, 나///////////////////
그대, 없는 당신, 없는 詩, 없는, 없는 그만! 이 詩 읽는 그대, 나//////
이 詩, 自我? 자아, 움직이고 나면 우울하지 말아야 한단다//////////
자아, 어쩔 텐가? 한바탕 우울하지 말아야 한다면//////////////
어찌할 텐가? 나여, 그대여 이 詩를 읽는 당신들(당신은 당신이//////
정말 억수로 퍼붓는다 생각하는가)이여//////////////////////
//////////////////////////////////////
//////////////////////////////////////
//////////////////////////////////////

詩라는 빵에 대하여

빵이 제 몸이란 말인가요. 몸을 줄이세요. 창을 줄이고 아니지, 창을 줄이기보다 솟구치는 폭포로 바라보세요. 솟구치는 폭포가 손금을 얼리나요. 물끄러미 솟-구-치-는 폭포가, 물끄러미 떨-어-지-는 행간을 얼리나요. 차디찬 피에, 차디찬 피에 온몸이 다 입김입니다. 떨어지는 절벽을 줄입니다. 떨어지는 거울을 줄이고 떨어지는 글자를 줄이고 떨어지는 가방, 문짝, 책상을 줄이고 떨어지는 블라인드를 줄이세요. 틈일 수 없는 틈새 그 틈바구니, 틈바구닐 떨어뜨리세요. 햇빛 새로 솟-구-치-며 그늘 새로 떨-어-지-는 그 행간을 줄여나가세요.
손금으로 흐르는 이 말과 이 말을 몸속으로 끊임없이 줄여나가세요. 타자기 리본을 줄이고, 검열당한 박헌규를 줄이고, 검열을 감행하는 당신을 줄이세요. 당신은 없으니까. 더 이상 줄일 필요도 압축할 필요도 없어졌으니까. 줄인다는 건 없어지는 게 아닙니다. 줄인다는 건 흐르도록 내버려 두는 것, 피의 한기이자 온기로 쏟아져 갇히는 것, 온기이자 한기인 피로 풀려나와 역류(逆流)되는 것, 그 목소리, 목소리들이 말의 손에서 〈손의 몸〉으로 철철철 멎는다는 것, 그 핏속에서 그 〈핏〉속으로 얼어죽지도 부활하지도 못한다는 것, '한다'해도 무의미하다는 것, 그 무의미가 「詩라는 빵」의 의미라는 것. 이만 줄이겠습니다.

묘비명은 비어 있습니다 한 번도 당신은 새겨진 적이 없습니다

뼈가 살을 뚫고 나오려는 양
기지개 켠다. 타버린 살을, 거죽을… 피마디 마디를…
뚫고 나오지 못한 말을… 기지개는 또 다른 詩身인가,
또 다른 유해인가, 유골함이 기지개 켠다. 연주할 수 없는
유해를… 詩身을… 뚫고 나오지 못한 詩처럼 켠다. 詩身은
흉내 낼 수 없는 것, 詩身은 온데간데없는 것, 세상에
같은 詩身은 없는 것. 유골함은 뜨거운 유해로,
뜨거운 몸뚱어리로 기지개 켠다. 희디흰―
사기관(沙器棺)을… 희디흰-희디흰 묘비명을……

그대 몸뚱어리에 맞출 수 없는 詩여.
타버린 피로 뒤틀린 그대 詩身이여.
갈아입을 수 없는 이미지 신경(神經) 매트리스
얼굴로 스치는 보잘것없는 묘비명이여.
애초의 그림자로 포개지는 애초의 그림자
그 그림자를 대고 그림자를 맞추던
한낱 그림자 잠옷, 그림자 감옥이여.

박헌규의 시세계

의식의 변경과 침묵의 목소리

박동억

(문학평론가)

1. 정신의 천칭과 이중주어

　시집의 제목과 달리, 박헌규 시인의 시는 가벼운 '메모'가 아니다. 그의 시는 의식의 사건이다. 언어를 수정함으로써 언어적 존재로서의 인간을 변혁하려는 시도이다. 그의 시를 제대로 읽으려면, 우리는 언어의 통속적 기능을 잊어야 한다. 이 시집의 언어는 '의미하기'에만 국한되지 않는다. 문자는 '뜻'인 동시에, 백지와 잉크로 이루어진 물질이며, 끊임없이 언어의 표현 불가능성을 지시한다. 따라서 다른 시를 읽듯, 감동이나 뜻을 찾으려는 독자에게 이 시집은 벽처럼 느껴질 것이다. 시인이 주로 표현하는 것은 인간이 가지지 못한 전능이다. 그것은 바로 세계의 잠재성, 침묵, 하느님, 주름, 텍스트의 몸짓 등 일상언어를 넘어서는

육중한 관념들이다. 물론 언어로 언어의 바깥을 표현하는 것은 불가능하다. 그렇기에 그는 가리킬 뿐이다. 이 시집의 언어는 탄환이다. 시인은 인간과 언어의 한계 너머로 '시'를 격발한다.

일상의 번거로움을 벗겨내고, 오직 정신을 중심으로 한 그의 언어실험은 전위적이거나 귀족적이다. 이로써 그는 인간을 조금 높은 장소, 예컨대 우주와 태양을 향해 쏘아 올린다. 반대로 어떤 순간에는 인간을 먼지 구덩이와 절벽 아래로 내동댕이치기도 한다. 그의 상상력이 주로 수직적으로 전개된다는 것은, 근본적으로는 시인이 인간 존재의 상승이나 추락의 도식 속에서 시 쓰기를 전개함을 뜻한다. 이 시집을 읽는 동안 우리는 인간보다 더 나은 존재가 되거나, 우리가 알고 있던 것보다 더 비참한 존재임을 깨닫게 될 것이다. 상승과 하강의 반복으로 인해, 언뜻 모순처럼 보이는 표현이 함께 놓이기도 한다. 시집 『메모중독자』로부터 우리가 만나게 되는 것은 분열적인 이중주어, 상징적인 합성어(이미지), 인간과 사물의 주객전도, 의미론적 아포리아, 타이포그래피 등이다. 그것은 하나의 질서, 하나의 의미로 환원될 수 없는 주체-대상-세계 속으로 우리를 내던진다.

길을 잃지 않기 위하여, 어떤 '질문들'을 이 시집의 나침반으로 삼아도 좋겠다. 이 시집은 다음과 같은 형이상학적 난제들에 도전한다. 인간은 어떻게 인간 바깥에 의식을 정초할 것인가, 어떻게 언어의 한계를 넘어설 것인가, 그리고 이 시적 모험은 끝내 신 또는 진리에 정박할 수 있는가. 시인은 인간의 무력함을 어느 정도는 예감하는 듯 보인다. 그렇기에 인식론적인 질문으로 시작한 이 시집은 불안과 놀이정신으로 전개되고 우울로 끝맺는다. 그러나 인간에게는 불가능한 소명을 시가 대리할 수는 없을까. 박헌규 시인의 언어실험이 완수된 한 권의 시집으로부터, 독자는 해석하고, 언어는 파열한다. 독자는 감지할 것이다. 이 시집에 쓰인 내용보다 쓰지 못한 배후가 인간을 매혹한다는 사실을 말이다. 침묵은 세계를 해석하지 않고 가장 정확하게 표현하는 언어다. 따라서 이 시집이 가리키는 주된 언어는 침묵이고, 실상 진정한 의미의 저자 역시 침묵이다.

시인의 정신은 변증법적이다. 주체/존재는 상승과 하강 운동 속에서 사유된다. 언어는 물질이자 관념이라는 사실, 또는 현실이자 환상/무대극이라는 사실 속에서 통합된다. 언어실험을 관통하는 운동은 의미로부터 침묵을 향해 격발되는 언어의 변증법이다. 그것은 국어사전이나 일상어의 법칙을 따르지 않는 새로운 언어다. 그의 언어는 몸부림친다. 몸부림은 해석 이전의 생생한 상형문자다. 또한 몸부림은 바로 '지금-이곳'에 존재한다는 사실에 만족하지 못할 때 발생한다. 그러나 누구나 알고 있듯, 어떤 인간도 자기 존재만은 넘어서지 못한다. 그렇기에 이 시집을 끝까지 다 읽은 후에도, 이 시집은 어떤 의미로 완수되지 않고 여전히 우리에게 '과제'로 남을 것이다. 아니, 이 시집은 어떤 과제로 우리를 안내하기 위해 쓰였다고 보아도 좋다. 끝내 이르게 될 아포리아는 다음과 같다. 알 수 없는 것에 관한 언어가 어떻게 앎에 이를 수 있을까. 존재는 어떻게 존재 이상이 될 수 있을까. 따라서 그의 시는 고뇌이다.

저 누워 있는 나무는 뽑힌 나무인가, 심겨질 나무인가
누워 있는 나무는 누워 있는 나무로 돌아가고
나는 나로 돌아가는 나를 바라본다.

이 양광에 얼굴이 나무 위로 비치고 또 비치고
이 양광은 구름 뒤로 숨는다. 어느새 보도블록은
다 깔리고 벽돌을 건네던 인부는 어디로 갔나.

나무는 누워 있는 나무를 바라본다. 나는 태양은
자루를 풀어 나무를 이 음악을 바라본다.
나를 듣는 음악이 나무를 바라보는 것이다.
나무가 심겨질 땅도, 나무가 뽑힌 땅도

발목을 덧대고 바 테이블 유리창에 떠 있다.
나무는 발목을, 뿌리가 발목이라면
뿌리가 둥근 저 흙덩이가 발목들이라면
그 위에 발목 대신 자루를 얹고 누워 있더라.

나무가 누워 있는 저 나무가 무슨 화학식 같고
세상에 없는 원소 같고 일란성쌍둥이 같고
보도블록에 놓인 흘러가는 물 같구나.

— 서시 「누워 있는 나무」 전문

서시가 제안하는 인간의 선택지는 분명하다. 설 것이냐, 누울 것이냐. 다시 뿌리내리고 살 것이냐, 뿌리 뽑힌 채 죽을 것이냐. 이 시의 나무는 상징적이다. 나무는 직립하여 수직의 높이로 자라나는 정신을 연상하게끔 한다. 그러나 서시의 풍경은 쓰러진 나무의 이미지로부터 시작된다. 따라서 시인의 눈은 절망 쪽을 먼저 바라본다. 이러한 '누워 있는 나무'는 시인의 마음을 빗댄 객관적 상관물로 표현된다. 시인은 그것을 보며 "나로 돌아가는 나를 바라본다." 그의 삶은 저 나무처럼 쓰러져 있다. 이 풍경처럼, 삶의 '양광'은 '구름'에 가리고, '보도블록'의 도보에는 뿌리내릴 한 평의 땅이 없다. 따라서 세계는 관이다. 나무는 '자루'에 덮인 채 썩어갈 것이다. '화학식'처럼 나무의 존재론적 결과는 명징하다. 존재하지 않는 '원소'인 나무를 시인은 자신과 꼭 닮은 '일란성쌍둥이'처럼 바라본다. 끝내 그것은 '물'처럼 흘러 사라질 것이다. 이 시의 정조는 뿌리 뽑힌 자의 절망이다.

그런데 '나'의 목소리는 단수인가. '나'는 쓰러진 나무이면서, 그것을 관조하고 성찰하는 '나'이다. 왜냐하면 "나는 태양은/ 자루를 풀어 나무를 이 음악을 바라본다."는 문장을 보면 알 수 있듯, '나'는 나무를 내려다보는 태양의 곁에 머무는 것처럼 보이기 때문이다. 그런데 여기서 시인은 '태양처럼' 본다고 말하지 않으며,

심지어 문법을 맞춰 '나와 태양은'이라고 말하지도 않고, '나는 태양은'이라고 이중주어를 활용한다. 이 때문에 '시인=누워 있는 나무=일란성쌍둥이'의 도식이 분명한데 반해, '시인=태양=양광'의 도식은 분명치 않다. 이중주어를 활용한 이 문장의 주어는 '나'인가 '태양'인가, 혹은 둘 다인가. 궁금증은 다음 시구를 살펴볼 때도 계속된다. "나를 듣는 음악이 나무를 바라보는 것"이라는 문장에서 주어는 '나'가 아닌 음악이다. 음악이 '나'를 듣고, 분신인 '나무'를 본다. 그렇다면 이 시에는 '나'가 있고, '나를 보는 나'가 있고, '나를 듣는 음악'이 있다. 이 세 층위는 어떻게 상호작용하는가.

어떤 시어가 천상적 높이에 가깝고, 어떤 시어가 쓰러진 자세에 가까운지 떠올려보면 어렵지 않게 위 시를 이해할 수 있다. '나'가 쓰러진 장소, 그것은 '보도블록'에 둘러싸인 세속도시다. 반성적으로 자신을 들여다보는 전망은 '태양'의 높이에서 확보된다. 그리고 그보다 더 탁월한 것은 예술적 형식인 '음악'이다. 그것은 모든 것을 듣는 귀다. 추론하자면, 가장 하부에 세속이 있고, 그 위에 '나'의 존재인 누운 나무가 있으며, 그것을 바라보는 '태양'과 듣는 '음악'이 있다. 이렇게 정리될 수 있다. 극복해야 하는 대상은 '아스팔트'의 세속이다. 두 가지 극복의 방법이 있다. 보는 것과 듣는 것. '태양'이라는 관조의 방식과 '음악'이라는 연주의 방식이 있다.

시집 전체를 고려한다면, 이를 철학자의 정신과 시인의 정신에 대응시킬 수도 있다. 두 개의 과제가 시인의 정신적 천칭을 이룬다. 의식을 철저히 반성하여 의식의 한계를 규명하고 의식의 쓰임새를 올바르게 정초하는 것, 대개 이것은 철학자의 과제이다. 철학자는 민족주의나 생활세계 따위의 바깥에서, 즉 삶 바깥에서 삶을 숙고하려 하고, 의식의 수단화를 중지시킨 뒤 의식을 새로운 방식으로 해석하고자 한다. 반면 시인에게 이러한 반성은 의무가 아니다. 시인의 최종목적지는 사유가 아니라 삶이기 때문이다. 깨달음을 삶에 사용하는 것, 변경(變更)된 의식을 의식의 변경(邊境)에 머무르게 하지 않고, 다시 삶에 '음악'으로 선사하는 방식이 시다. 그렇지 않다면 왜 시인은 타인에게 자신을 노래하겠는가.

박헌규 시인은 때로는 시인처럼 노래하고, 때로는 철학자처럼 사색한다. 그렇기에 박헌규 시인의 주어는 겹을 가진다. "나는 손이, 그와 같은 손이 있네. 그에게는 내가 무수히 있지."(「옆어지는 내가 지는 해를 바라보고 바람에 흔들리는 나뭇잎 그림자를 바라본다 옆어지는 내가 옆어지는 내가」)라는 표현처럼 말이다. 깊이 자신을 들여다보려는 자의 주어는 단수가 아니다. 일반적인 시가 고백하는 자의 목소리로 이루어진다면, 박헌규 시인은 거듭 반성하는 자의 목소리로 이루어진다. 한편 다중의 목소리는 현실과 무관하지 않다. 이는 현대의 허울을 꿰뚫어 보는 정신이, 또한 자신이 현대에 속한 한 소시민일 뿐이라는 사실과 투쟁하면서도 발생한다. 물론 그는 가능하다면, 인간 바깥에서 쓰려 한다. "인간이 지겨워요. 등짝에 탈장처럼 인간을 매달고 누구도 내 노래를 들어줄 순 없나 봐요."(「그레고르 롤러」)라는 구절처럼, 독자 또한 인간 바깥에서 자신의 시를 읽도록 요청한다.

이로써 박헌규 시인의 시는 첨예해진다. 시 「헐값 노동자」에 표현되듯, 시는 헐값일지라도 독자의 정신에 '자명종' 소리로 울려야 한다. 삶으로부터 멀어지려는 투쟁, 편안한 일상과 습관과 의식을 벗겨내고, 자신의 허위를 전경화하면서, 그는 지금까지의 자신과는 다른 무엇이 되려 한다. 그런데 그 의식의 변경이란 과제는 형태도 증거도 없는 형이상학 속에서 전개된다. 우리는 무엇을 목격하는가. 그의 사고실험이 남긴 텍스트이고, 그 텍스트를 도약대로 삼아 날아오르고 추락하는 정신의 수직운동이다.

2. 스스로 말하는 시

『메모중독자』라는 시집의 제목이 상기하듯 다수의 시가 언어 자체에 관한 비유로 이루어진 메타시다. 흥미롭게 주목할 것은 시를 쓰는 작업과 시인의 관계다. 시는 도구가 아니다. 박헌규 시인의 시는 내면을 표현하는 목소리가 아니고, 외부 대상을 묘사하는 화폭도 아니다. 그의 시는 인상과 표현으로 종속되지 않고, 존재 자체가 되려 한다. 많은 시가 시 쓰기 자체에 관한 상징으로 수렴된다. 따라서 그의 시는 주어를 '시인'이 아닌 '시'로 볼 때 보다 수월하게 읽힌다. 인간으로부터 독립한 텍스트로서 '시'가 스스로 목소리를 내고 있다고 상상해보는 것도 좋다. 이렇게 탄생한 시 쓰기의 상징들이 하나의 수직적 공간에 배치되어, 배치된 높이에 따라 일종의 관계망을 형성한다.

> 상투적이지만 타자기가 있으면 작은 지하방이 마련돼야 한다.
> 흔들리는 전등, 모자, 불빛을 쓰고 흔들릴 준비를 마친
> 숨소리가 준비돼 있어야 한다. 전깃줄이 목을 매고 남을 만큼
> 넉넉해야 하고 바닥은 그 길이만큼 드높아 끝을
> 가늠할 수 없어야 한다. 전등과 타자기, 심문받는 자와
> 심문자, 끝을 가늠할 수 없는 사방, (손)의 것인지
> (곳)의 것인지 구분할 수 없는 숨소리, 아무 활자도 박히지 않은
> 타자지(打字紙), 모자 외형으로 쌓인 먼지들, 흔들리는 불빛을 쓴
> (곳)이 있어야 하고 (곳)의 얼굴이 밝아올 즈음이면
> (손)의 얼굴이 밝혀져야 한다. 전등은 흔들리며 (손)이 되었다,
>
> ―「밑바닥 광대」 부분

「밑바닥 광대」는 좁게는 시 쓰기에 관한 시이고, 넓게는 사유에 관한 공간적 상징이다. 사유하는 자에게 자기만의 방이 존재해야 한다는 것은 상투어다. 타인이 침범할 수 없는 내밀한 공간은 물리적으로는 작을지라도 자유의 측면에서는 가장 넓은 공간이다. 그런데 「밑바닥 광대」의 '작은 지하방'은 그러한 내밀성과는 거리가 멀다. 그것은 인간이 아닌 '타자기'를 위해 준비된 방이다. '숨소리'로 환유된 인간은 방의 주인이 아닌 준비물이다. 공간은 인간을 살해하기 위해 존재하는 듯, "전깃줄이 목을 매고 남을 만큼"의 천장과 그만큼 '드높은'

바닥으로 건축된다. 그것은 '심문'을 위해 준비된 공간이기도 하다. 따라서 이 방의 주인은 인간이 아니다. 본래 인간의 도구일 터인 언어가 이 시의 주인공이다. 언어를 주어로 놓고 보면, 쓰는 행위조차 '(손)'의 자유가 아닌, '(곳)'에 종속된 채 이루어진다는 표현이 자연스럽다. 괄호 표기는 어떻게 해석해야 할까. 다른 시 「망각의 막간극」의 "생명! 약동! 꿈틀거림! 괄호!"라는 시구로 미루어 보아, 시인은 괄호 표기된 언어야말로 살아있음을 강조한다. '(손)'은 '손'보다 진정 살아있는 언어인지도 모른다. 그러나 인간의 '(손)'은 타자기의 '(곳)'에 종속되어 있다. 이는 탈출구 없음을 더욱 분명히 한다.

한편 이 시는 연극 대본처럼 읽어도 좋다. 배우에게 지시하듯, 타자기와 인간을 관찰하는 누군가가 계속 '해야 한다'고 지시하고 있기 때문이다. 명령문 역시 종속을 환기한다. 또한 모든 사물은 현기증 속에서 흔들리고 있다. 현기증의 공간은 근본적으로는 앞서 살펴본 '누워 있는 나무'의 변형이다. '작은 지하방'은 기본적으로는 서 있는 공간이지만, 은유적으로는 인간의 죽음(또는 추락)을 예비하는 '쓰러진' 공간이다. 태양 대신 '전등'이 놓여 있고, 구름 대신 '먼지-모자'가 빛을 가로막고 있으며, 죽음의 이미지가 목을 매달 '전깃줄'로 파생된다. 빛의 발원에서 볼 때, '(곳)'은 가깝고 '(손)'은 멀다. 따라서 가장 어둡고 낮은 곳에 '(손)'은 위치한다. 결국 이 시가 뜻하는 바는 시 쓰기가 스스로 살아있지 않고, '밑바닥 광대'의 광대짓이라는 것이다. 이렇게 표현하는 시인의 진의는 무엇일까.

상투적이지만 타자기가 있으면 마주보는 (곳)이 사방 준비돼야 한다. 바깥이라는 것의 바깥이라 짐작되는 칠흑 너머 (손)이 —— 예리한 주름의 층(層)처럼 갈라지는 〈전등〉〈모자〉〈불빛〉이 —— 한낱 숨소리뿐이란 사실을 「밑바닥 광대」는 새어 나갈 수 없는 주름으로 웃어보여야 한다.
닿지 않는 바닥으로부터 웃음을 발버둥 치든, 발버둥 치며 웃음 짓는 타자기의 주름을 발버둥 치든, 목을 맨 그림자가 서서히 어두워지는 등(燈)과 함께 올라갈 때, 막이 내려와 다시금 무대를 차단해야 한다.

관객들은 기계신(機械神)으로써, 「밑바닥 광대」와 마주한 모자로써, 불빛으로써 그림자와 함께 상승하는 동시에 아득히 떨어지며 마땅히 그 죄여듦을 끊어야 한다.

죄여듦? 사실 붙들 목조차 없었으니까, 손조차 발버둥 칠 무게조차 입술조차 웃어보일 주름조차 없었으니까. 전깃줄조차 멜빵조차 밑바닥조차 기계신들을 마주한 기계신 **그**(숨소리조차 그) **숨소리조차**

─「밑바닥 광대」부분

이처럼 시 작품과 독자의 단절이 선언된다. 일단 시 「밑바닥 광대」가 '광대'로 은유되고 있음을 간파하기는 어렵지 않다. 광대 역할을 끊기 위해, 작품은 '한낱 숨소리'인 인간을 비웃는다. 반대로 '관객-모자', 즉 독자 역시 이 작품이 전하는 '상승'과 '추락'의 '죄여듦'을 끊어야 한다. 박헌규 시인의 메타시는 기본적으로 전위적인 연극처럼 무대와 관객의 관계를 전도시켜 소격 효과를 유발한다. 다시 말해, 그는 시와 독자의 관계를 전도시킨다. 언어와 독자의 위치가 바뀔 때, 긴장을 만들고 다시금 '언어'를 생생하게 재인식하게끔 유도한다.

이때 주목해야 할 시어는 바로 '바깥이라는 것의 바깥'으로 무한히 연결될 수 있는 '주름의 층(層)'이다. '주름의 층'이라는 단어를 사용하면서, 시인은 시의 외부로 겹겹이 연결된 수많은 타자성을 상기시킨다. 이를 해석의 문제로 설명하면 다음과 같다. 시 「밑바닥 광대」는 독자에게 읽히고, 해석되고, 어떤 의미로 재생산될 것이다. 이 해설조차 그런 의미의 겹에 종사한다. 그런데 그 모든 관계로부터 이 한 편의 시를 단절시키는 순간이 몽상된다. '밑바닥 광대'는 "한낱 숨소리뿐이란 사실"과 단절하여 "새어 나갈 수 없는 주름"이 되어야 한다. 막을 내려 무대를 차단하고 관객이라는 기계신을 추락시키는 것은 바로 이러한 몽상과 연결된다.

이 시집에 반복적으로 사용되는 시어인 '주름'은 사실 철학 용어이기도 하다. 아마도 시인은 질 들뢰즈의 '주름' 개념을 인용한 것으로 보인다. 들뢰즈는 어떤 물질도 '세계'로부터 분리되어 있지 않지만, "세계는 하나의 거대한 생명체가 아니며" 각각 생명은 "환원될 수 없는 개체성"인 '주름'으로 이루어져 있다고 말한다. 졸고는 들뢰즈의 사상을 깊이 접해보지 않았으나, 아마도 들뢰즈의 설명은 이렇게 이해된다. 세계는 끝없는 연속이다. 그러나 물리적 힘과 영혼의 조형술에 의해, 세계로 환원될 수 없는 존재의 '주름'이 있다. 한편 박헌규 시의 주어는 '언어'다. 그렇다면 언어의 주름은 어떠한가. 언어를 홀로 소유하는 인간은 없다. 우리가 홀로 말할 때에도, 말의 의미는 언제나 함께 만들어진다. 이런 의미로 현상학자 메를로-퐁티는 "파롤은 항상 파롤의 토대 위에서 작용하므로 파롤은 발화(發話)라는 거대한 직물 내에 있는 하나의 주름에 불과하다."고 말한 바 있다. 이 반대급부와 시인은 어떻게 투쟁하는가.

'밑바닥 광대'는 끝내 독자와의 연관에 속하기를 거부하는 언어다. 그의 웃음은 '새어 나갈 수 없는 주름'이다. 견고한 밑바닥이자 홀로 마주보는 벽이다. 적어도 이 시에서 시인은 텍스트의 순수성을 꿈꾼다. 그렇기 때문에 시인은 타자지(打字紙)에는 "말끔한 먼지들, 흔들리는 모자로 떨어지는 순백사상(純白思想)들 그 낱낱 〈진술〉이/ 그 낱낱 〈모자〉라도 되는 양 뿌옇게 박혀 있어야 한다."(「밑바닥 광대」)고 쓰기도 한다. 진정한 의미의 시는 백지여야 한다. 이 '순백사상'이란 문자가 없는 빈 종이가 아니라, 의미의 매개자로 인간을 거치지 않는다는 맥락의 백지에 가깝다. 세계를 순수한 잠재태로 되돌린다면, 세계의 가장 정확한 표현은 침묵이다. 반대로 인간의 사유란 소음에 지나지 않는다.

발파공사 중단하라! 잠 좀 자자!

원고지 칸칸 펄럭이는 저 절규 좀 보세요.
다시 발파공사가 시작된 모양입니다.
검은 땀 인간이 검은 땀 감옥을 삐질삐질
가두어 두고 어느새 당신을 풀어주는지,
검은 땀 감옥이 검은 땀 인간을 삐질삐질
풀어주고 어느새 당신을 가두어 두는지.

검은 땀 감옥과 당신이 조우(遭遇)할 두개골 철로를 위해
검은 땀 인간이 구상 중인 역사인 모양입니다.

―「메모중독자」 부분

순수한 텍스트라는 목표가 마냥 철학적 숙고만을 담는 것은 아니다. 위 작품처럼, 문자가 자의식을 갖고 시인에게 시위하는 상상력을 바라보는 것은 유쾌하다. 우리는 쉽게 '두개골 철로'를 타고 백지를 향해 쏟아지는 문자와 '검은 땀 인간'을 상상할 수 있다. 글씨들이 우르르 몰려와 인간 앞에서 시위를 벌인다면 어떨까. 이러한 유머는 그의 시를 맴도는 지적 긴장을 완화해준다. 하지만 한편 우리가 상기해야 할 것은 그의 시에는 언제나 부분이 전체와 맞서 싸우고 독립하려는 투쟁이 반복된다는 것이다. 문자는 인간으로부터 독립하기 위해 투쟁한다. 발파공사가 이루어지는 '검은 땀 감옥'이라는 하부가 '두개골'이라는 상부에 맞선다. 이는 여러 시에 반복된다. 예컨대 시 「태양을 격발하다」의 인간은 자기 존재와 투쟁하며 "나는 결박된다. 내 몸에 결박되고 내 손에 결박된다."고 말한다. 모든 부분은 다른 부분과 투쟁한다. 그것은 전체가 되지 않기 위한 개체의 의지다.

시 「나는 이 詩를 분할하지 않고 원통형 우주로 하겠다」에 드러나듯, 독자들은 박헌규의 시로부터 하나의 작품으로 완성되는 세계에 관한 희구를 발견할 것이다. 시는 하나의 우주다. 모든 외부를 제거한다는 의미로 그것은 '자유'다. 그런데 이 자유를 소유한 인간의 삶을 상상하기란 어렵다. 그 이유는 시인의 표현이 모호하기 때문이 아니라, 그러한 자유를 어떤 인간도 획득한 적 없기 때문이다. 어떤 인간이 인간이라는 사건을 극복한단 말인가. 타인과 연루되고, 세계에 속해 있다는 현실을 극복한단 말인가. 그렇기 때문에 시인은 *"사회를 없애 버리면... 이 세계 자체를 없애버리면... 詩가... 詩가... 될 수 없지..."* (「망각의 막간극」)하고 되뇌기도 한다.

이러한 이율배반은 그의 시에서 '상승'과 '추락'의 운동과 함께 반복된다. 그의 시 대부분은 '희망'이라는 단어를 사용할 때에도 절망을 더 크게 노래한다.

시인이 "빛의 무게에 짓눌려 태어나는 실의 몸이여, 줄인형이여,"(「희망 장례식」) 하고 절규할 때, 그는 세계에 조종당하는 인형이다. 자신을 성찰한 뒤, 시인은 벗어날 수 없는 운명이라는 막다른 길에 이른다. 두 편의 시 「原本에 관하여」를 살펴보게 되면, 시인은 독자에게 "당신은 어느 原本으로 날 꿈꾸나."라고 추궁한 뒤, 어떤 해석 속에서도 원본이 존재하지 않는다는 결론으로 인도할 것이다. 하나의 방편으로 텍스트실험을 통해 그는 어느 누구도 해독하지 못하는 비밀이 되려 한다. 그러나 "나는 그 의문부호 달린 문선공(文選工),"(「우산을 들고 아무도 우산이 없다」)라고 시인이 말할 때, 언제나 그것은 '나'가 해독될 운명에 처해 있다는 불안에 기초한다. 따라서 그의 시는 매번 사유와 유희라는 두 개의 도구로 이러한 불안과 맞선다. 이 몸부림은 비극적이다. 이 비극이라는 표현은 한 인간이 인간 종(種)의 한계에 맞선다는 의미로 적절하다.

3. 신성모독 또는 희생제의

인간이 홀로 서지 못한다는 것, 혼자서는 쓰러질 존재라는 것, 언제나 타인과 언어와 세계에 기대야 한다는 운명은 절대적이다. 그러나 진정한 의미의 슬픔은 인간의 탁월한 능력으로부터 온다. 인간은 인간의 한계를 들여다보는 동시에, 인간보다 뛰어난 존재를 상상할 수 있다. 인간의 무능은 무한을 상상할 수 있는 능력에서 온다. 따라서 진정한 의미의 죄는 인간이 인간을 넘어서려는 의지이다. 이로써 인간은 '신'이라는 대타자를 호명한다.

앞서 말했듯, 박헌규 시인은 타인의 해석 바깥에 존재하고자 한다. 그는 인간 너머에서 말한다. 그렇기에 박헌규 시인의 시는 종종 인간이 아니라, 신을 향한 목소리로 읽히기도 한다. 앞서 언급한 「희망 장례식」「나는 이 詩를 분할하지 않고 원통형 우주로 하겠다」뿐만 아니라, 「틈을 바라보는 기관뿐인 人間의 모노드라마」「죽은 카나리아 들고」「하느님에 對해서 난 할 말이 없다」「언어조련사 루티노」「하느님이 〉기관〈 같지 않다?」 등의 작품에 그는 신을 호명한다. 그런데 이 목소리에는 신성에 관한 희구와 모독이 얽혀 있다.

    하늘을 갉아먹는 수은빛공기벌레[들] 숨쉴 수 있을 만큼 꼭
    그만큼의 틈입이면 충분해, 불안 같은 건 없겠지.
    캄캄하지 않다면 종이처럼 하얄지도
    종이처럼 쉬고 싶어, 종이 自身이 중얼거릴지도

    꼭 그만큼의 틈입이 제공된다면, 꼭 그만큼의 빛과 조직(組織)이
    허용된다면 정든 기관도 없이 핏빛 가슴을 절개하거나
    갈아입혀지지 않는 가슴을 영원히 갈아입히겠지. 바라봐,

      ㅎ   ㅏ
    허공을 갉아먹는 수은빛공기벌레[들] 당신을 발화하겠지.
    빠르게, 무겁게, 우울하게 두개골벤치가 뭔지도 모르게,

          ㄴ
    우울이 뭔지도 모르게, 무거움이 뭔지도, 절망이 뭔지도,
    죽음이 뭔지도 모르게. 신사처럼 점잔 빼고 앉아 바라봐,

        ㅡㄴ ノ
    당신을 갉아먹는 수은빛공기벌레[들] 내부일 수 없는 기관들
    허공의 안락의자 그 투명한 대열에 흐린 시선을 앉히고

         ㅁ
    끝없이 쏘다니는 수은빛공기벌레[들] 혐오하겠지, 연구하며
    탐구하며 혐오로 하여 그 평온을 다시금 연구하며
    투명한, 투명한 기관의 바깥을 갈망하겠지.

        —「[틈]을 바라보는 기관뿐인 人間의 모노드라마」 부분

신에 대한 추궁이란 모든 진실 또는 온 세계에 대한 추궁이라 보아도 좋을 것이다. 박헌규 시인의 신성모독 시편들은 서정이 아니라 진실을 추궁한다. 종종 그의 목소리는 구도자에 가까워지는 경향을 띤다. "숨쉴 수 있을 만큼" 숨소리를 줄이고, '종이'처럼 쉬고 싶다고 고백할 때, 상기되는 것은 죽음이다. 그러나 시에서 죽음충동은 반드시 실제 죽음이 아니라, 상징적인 죽음, 즉 존재의 갱신을 위한 낡은 존재의 죽음에 가깝기 마련이다. '빛과 조직(組織)'으로 그는 '가슴'을 갈아입고, 끝내 "투명한, 투명한 기관의 바깥"을 갈망할 것이다. 이처럼 그는 존재론적 변태(變態)를 꿈꾼다. 하느님을 호명하며, 자기 존재를 탈바꿈할 것을 요청한다.

그렇지만 인간의 추락을 확신하고 있는 것으로 판단된다. 졸고는 이미지의 전개 속에서 그러한 징후를 감지한다. 눈여겨볼 것은 합성어-상징이라는 독특한 은유 활용 방식이다. 대개 많은 시인이 일반적으로 'A는 B이다'라는 연계동사를 활용하여 은유한다. 반면 박헌규 시인은 실존하는 동물이나 사물에 이름 붙이듯 '수은빛공기벌레'나 '두개골벤치'리는 합성어를 만든다. '수은빛공기벌레'란 결국 금속 날개를 갖게 된 벌레다. 그것은 또한 우울과 절망의 둔중한 물질에 젖은 공기이다. '두개골벤치'는 사물로 전락한 인간 신체이다. 또한 둔부 아래에 놓일 머리이기도 하다. 이처럼 시인은 존재를 무겁게 만들고, 수직적 하강 운동에 연루시킨다. 따라서 우울과 절망을 벗겨내려는 진술은 아이러니로 읽힌다. 시인에게 평온은 없다. 그것은 소망 될 뿐 실현되지 않는다.

    묻고 물으며 당당하게 가주십니다. 카나리아가,
    잉꼬가 가주십니다. 햄스터 상자에 담겨
    오늘도 좁아터진 당신이 가고, 토끼가 가고, 기니피그가 가주십니다.
    "하느님, 하느님의 납골당이 어디죠?" 넉넉한 햇빛 들고
    소각장 갑니다. 납골당 없는 곳. 태양이,
    그림자가 없는 곳. 당신이 기르는 흰 그림자 없는 곳.
    오늘은 넉넉한 내가, 오늘은 좁아터진

하느님과 함께 갑니다. 오늘은 좁아터진 카나리아가
당신을 들고, 잉꼬가, 햄스터가 썩기 시작하는
오늘처럼 갑니다. 좁아터진 그러나,
광활한 하느님께서 햇빛 먹따는 소리로 가주십니다.
상한 냄새 진동하는 열두 줄기 빛처럼

―「죽은 카나리아 들고」부분

   존재 갱신이야말로 시인의 큰 소망이다. 따라서 시인의 격렬한 신성모독은, 신에 관한 혐오라기보다 무력한 자기 자신에 관한 혐오로 이해될 수 있다. 애완동물처럼, 신을 상자에 넣고 소각장으로 향하는 모독의 사건은, 근원적으로는 자기 자신을 폐기하고 싶은 욕망의 전도이다. 진정 불태우고 싶은 것은 자기 존재다. 그가 귀로 듣는 '햇빛 먹따는 소리'란 자신의 절규이고, 코에 느껴지는 '상한 냄새'란 극복할 수 없는 자신의 절망과 불안이다. 신이란 본래 표현될 수 없다. 그것은 침묵이다. 침묵은 넓고 막막한 것이다. '좁아터진' 것은 자기 자신이다. "좁아터진 그러나, 광활한 하느님"이라는 이 역설적 표현 속에서 시인은 바로 이러한 사실과 변증법적으로 갈등한다.

   우리는 이 시의 아이러니를 깨닫게 된다. 박헌규 시에서 불태우는 행위는 근본적으로는 신성모독이 아니라 희생제의다. 애완동물로 전락한 신의 상징은 봉헌이고, 제물이다. 그것은 불타서 사라지는 것이 아니라, 형태의 구속을 버린다. '먹따는 소리'이든 '상한 냄새'이든, 신성한 물질은 쉽게 '햇빛'이나 '소리'처럼 무형 무색의 상징으로 상승한다. 그것은 형태/주름을 버리고 물질세계의 구속을 벗어던진다. 앞서 서시 「누워 있는 나무」가 '물'로 흘러 들어가는 것을 떠올려보자. 또한 시 「[틀]을 바라보는 기관뿐인 人間의 모노드라마」의 벌레와 두개골이 얼마나 '무거운' 물질이었는지 상기해보자. 이와 비교할 때, 박헌규의 시에서 가벼움은 근원적으로 신성의 방향을 가리킨다. 애완동물을 연상할 때, 어째서 시인이 카나리아와 잉꼬와 같은 '새'의 상징을 토끼나 기니피그보다 먼저 떠올린 것인지 유추하기는 어렵지 않을 것이다.

결국 박헌규 시인의 신성모독은 반성의 자리이자 제의의 자리이다. 존재란 무엇인가. 살아있음이란 무엇인가. 그는 이러한 질문 속에 자신을 불태우는 자아다. 이 자아는 그저 삶을 산다는 타성에 맞서, 의식으로 삶을 분명하게 정초하려는 의식이다. 그 귀결은 이성의 용도 변경이다. 이성 바깥에 이르려는 신성한 과제이다.

4. 물질로서의 시와 연극으로서의 시

박헌규 시인의 타이포그래피는 존재의 상형문자에 가깝다. 그는 언어를 하나의 공간으로 만들고자 할 뿐 아니라, 존재의 상징이 되려 한다. 예컨대 시 「없는 내가 없는 머리 뒤로 휘휙 ≫검은 빛≪ 던진다」는 거대한 시계추를 전면에 내세워, "**없는 당신이** 죽은 꿈으로 스치는 꿈", 즉 죽음과 꿈의 시간으로 나아기는 초침 소리를 들려주고자 한다. 시계추의 진자 운동은 우리가 죽어서 잇힐 존재라는 사실을 상기시킨다. 시간이란 한 걸음, 한 걸음 인간을 죽음 쪽으로 몰아넣는 망각의 군대이다.

사용된 타이포그래피의 다채로움만으로도 즐겁다. 시 「손아귀 속의 러너」는 자아를 중심으로 뻗어 나오는 '손'과 '눈'의 동심원이다. 감각과 인식의 중심인 원통형(圓筒形)자아이다. 한편 시 「펫빛펫빛」은 반대로 당신을 묘사한다. 이 경우 마주 보는 두 인간처럼 'ㅛ' 형태 혹은 마주보는 두 개의 기둥 형태로 시가 쓰인다. 이 형태는 「피투는 말한다」에도 반복되며, 인간이 세계에 내던져진 존재라는 인식과 밀접하게 맞닿는다. 이 외에도 시 「방충만 한칸 열어젖히고」에 사용된 악보 형태, 시 「지휘봉」에 활용된 트럼프 카드 기호와 메아리, 시 「약을 먹은 게 분명합니다」의 비틀거리는 언어, 시 「뿐도氏의 눈빛 제스추어는 무엇을 갈망하나?」의 눈동자 등 구체적 사물이나 신체적 병증을 환기하는 언어실험도 있다. 그중에서도 졸고의 눈에 뜨는 타이포그래피는 시 「둔기아파트 1601호 혹은 1806호」이다.

둔기라는 마을이 있을까, 둔기로 누군가를…
둔기라는 지명 타자가 있다면 둔기는 포수의
머리통을 갈길까. 포수의 머리통이 원고지라면
원고지 너머의 얼굴은… 둔기로… 누군가를
박살내고 싶은 적이 있다. 그때마다 내 머리통이
둔기로 박살나고…깨졌다…깨지고… 박살나고…
깨지고… 박살나고… 마침표로 고일 저 피가
둔기라면 마침표로 고일 저 피가 둔기의 마을이라면
나는 잘 찾아간 것일까, 둔기에 무사히 당도한 것일까.
아파트 창유리 같은 정오의 원고지 칸 밑으로
피가 고이고… 글씨들은 뭉개져 알아볼 수 없고…
구두는 질척질척대고… 내 발자국은 어디에도
보이지 않네. 족적(足跡)은… 범행 현장은… 내
살해 현장이 이 아파트라면 이 원고지 칸 위라면…
16층 네 번째 창이 열리고 둔기가 던져진다.
자살자는 둔기가 없고… 자살자는 예리하고…
무디며… 예리한… 둔기로 자살하는 자가 있다면
그게 나다. 원고지 칸 위에서 둔기로… 둔기의
마을 위에 내 살인을 위장(僞裝)한다. 둔기로 나는…
나를 박살내고… 엘리베이터 1층 버튼을 누른다.
그리고 기다란다. 엘리베이터 문 틈새로 불던
사슬소리바람을 얼굴로 느끼며 기다린다.
누군가 칼이 되어 나를 향해 다가온다. 누가
찌른 칼인지 누가 찔린 칼인지 모를 만큼
포개진다. 두 사람 얼굴은 이미 원고지 칸으로
변해 있다. 한 서슬의 인간 위로 상반된 미소의
글씨들이 원고지 윗면에서 밑면으로 번지어
올라온다. 두 인간이 한서슬의 바람인 검붉은
글씨들로 두인간을 알아볼 수 없을 만큼
흘러내려 둔기라는 마을을 넓히고 있다. 둔기…
둔기라는 마을이 있을까, 둔기… 둔기… 둔기…
다시 썩어지다 만 내 둔기… 넓혀지다 마는
나의 둔기 누구도 읽을 수 없는 나의 둔기…
피아노 건반을 옮겨 다니는 천장의 음악 둔기…
암막커튼을 걷고 16층 두 번째 방 창가
책상에 앉아 둔기를 바라본다.

둔기를바라본다끝까만구멍은
둔기라는마을인가둔기라는
입술인가둔기라는피웅덩인가
둔기라는시거인가둔기라는
맨홀인가깜붉은구멍으로불이
타들어간다피가고인다입천장끝
마침표는찢어내면찢어낼수록
커지고미끄러져종이식도
전신으로옮겨가고
둔기를바라본다끝마침표는
피웅덩이속가해자인가
시거속피해자인가목구멍속
범행도구인가범행도구끝
까맣게타들어가는시거불씨인가
오,둔기라는지명타자가존재한다면
타들어가는이구멍을움켜쥐고
詩머리통을갈길까머리통
정중앙을확실히갈기는순간
구멍끝시거불씨는숨겨진
칼날과함께시거와함께숨겨진
칼날의둔기와함께피웅덩이와함께
종이식도전체와함께종이식도끝
깜붉은전신의범행도구와함께
둔기의입술과함께둔기아파트
1601호혹은1806호정수리부터
하르르갈라지고있다피는멎지않고
던져진둔기가그린궤적(軌跡)과떨어진
둔기가내려다보던궤적이
이詩의머리통을꿰매고있다

―「둔기아파트 1601호 혹은 1806호」 부분

박헌규 시인의 언어실험에 내포된 기본 의도는 충격효과일 것이다. 타이포그래피는 언어의 '둔기'다. 그것은 뜻을 전달하기보다 시각적 충격이 되려는 상형문자다. 이러한 언어는 소통의 도구가 아니라 물질이다. 독자는 언어를 읽기 전에, 언어의 물질성에 얻어맞는다. '원고지'가 '아파트'로, 글자는 '피'로 비유된다. 따라서 시 쓰기 역시 칼부림이다. 시를 읽어나가면, 우리는 "둔기로 누군가를" 내려칠까 묻다가 끝내 "**詩머리통을갈길까**" 생각하는 시인의 목소리를 마주친다. 그러나 이러한 이해에 앞서, 이미 시 타이포그래피를 통해 우리는 그러한 충격을 체험한다. 문자를 타격하는 물질성을 발견한다.

시인이라면 글꼴과 글자조판에 섬세한 감각을 지니기 마련이다. 그것은 시인에게 언어는 단순히 '의미'의 도구가 아니라 '물질성'을 가진 존재이기 때문이다. 박헌규 시인의 메타시와 타이포그래피는 끊임없이 독자가 이 시집을 만지고, 문자를 보고 있다는 사실을 상기시킨다. 시인은 "또 비틀고 싶은 욕망으로 내 편경사(筆耕+) **꿈**틀기는 마구잡이로 움직이지. 아니 저 껴안고 맞댄 백지 위로 무참히 미끄러진다고 할까."(「머나먼 접시」)라는 시구처럼, 어떤 욕망 속에서 자신이 시를 쓰고 문자가 전위적 형태를 갖게 되는지 증언한다. 또한 독자의 '살방울'(「garbage collector」) 혹은 "그대 행간의 손가락 만보객(漫步客)"(「손가락만보객」)이 이 시집을 만지고 있음을 드러낸다. 따라서 이 시집은 텍스트인 동시에 감각적 물질이다.

그러나 동시에 이 시집은 실체 없는 텍스트이자 폐막하는 연극이기도 하다. 시 「망각의 막간극」에서 우리는 시집을 일종의 '존재더미 위 존재더미 없는 유령놀이'로 규정하는 또 다른 목소리를 만나게 된다. 시인은 다음과 같이 회의하기도 한다. 이 시는 공허한 말놀이에 지나지 않는가. 그저 냉소나 조소로 '큰 존재'와 세계에 고작 '생채기' 내는 것은 아닌가. 그러나 시는 멈추지 않는다. 이 막간극의 마지막에는 한 칸에 포개어 알 수 없는 문장이 나열된다. 그 목소리는 앞으로 풀이되어야 하는 비밀로 감춰진다. 또한 우리가 목격하는 것은 '북풍'과 흩날리는 '눈'에 맞서며 *"그 바람밖에 안 남은 그림자를 저어가는"* 시인의 고단

한 여정이다. 따라서 우리는 우울과 절망 이후에도, 시가 계속되리라는 사실을 예감하게 된다.

> 그대 몸뚱어리에 맞출 수 없는 詩여.
> 타버린 피로 뒤틀린 그대 詩身이여.
> 갈아입을 수 없는 이미지 신경(神經) 매트리스
> 얼굴로 스치는 보잘것없는 묘비명이여.
> 애초의 그림자로 포개지는 애초의 그림자
> 그 그림자를 대고 그림자를 맞추던
> 한낱 그림자 잠옷, 그림자 감옥이여.

―「묘비명은 비어 있습니다 한 번도 당신은 새겨진 적이 없습니다」 부분

시집의 마지막 시편에 고백된 바는 미완성이다. 자신의 묘비를 떠올리고 울부짖고 있는 이는 누구인가. 시인일 것이다. 죽음은 삶을 완수하는 순간이다. 그러나 그는 아직 묘비명에 새길 자신의 이름을 찾지 못했으며, 삶의 과제는 완수되지 않았다. 시인은 '시'가 그대 존재에 비하면 작다고 말한다. 그대는 '詩身', 즉 시를 육화한 존재다. 시신(屍身)을 연상케 하는 말놀이를 의도하며, 시인은 자신의 시를 조롱하듯 진술한다. 그가 창조한 수많은 '이미지 신경(神經) 매트리스'가 만족스럽지 않으니, 그 또한 외투가 될 수 없다. '애초'라는 근원을 찾고자 하는 여정은 목표에 이르지 못하고, 헐거운 '그림자 잠옷'과 '그림자 감옥'으로 마무리되었다고 시인은 솔직하게 증언한다. 공들인 이 한 권의 시집이 어쩌면 한낱 환영, 꿈, 감옥에 불과할지 모른다고 말이다.

이러한 마지막 시편의 회의 의식도 '메모'라는 시집의 제목처럼 겸양으로 읽어야 하지 않을까. 혹은 완수되지 않는 과제의 예증으로서, 자아의 모색이 계속될 것이라는 암시로서 읽어야 하지 않을까. 우리는 이렇게 물어야 한다. 이 시집의

진정한 저자는 누구인가. 미완의 과제가 남아 있다고 중언할 때, 결국 그 과제를 넘겨받는 것은 독자다. 박헌규 시인이 창조한 언어-미로를 헤매며 독자가 모색하는 해답은 존재다. 독자가 발견하는 출구는 제각각일 것이다. 그의 시에는 이율배반적인 진술과 이미지가 병치되고, 존재의 희구와 우울이 교차한다. 그 무엇을 주목하느냐에 따라 이 시집은 다른 색채로 읽힌다. 그러나 한 가지 분명한 점은 이 시집이 끝내 과제로 완수하고자 하는 것은 존재 갱신이라는 것이다.

어떻게 이 시집을 '마무리'할 수 있단 말인가. 서두에 말했듯, 박헌규 시인의 시는 사건이다. 먼저 그는 물질로서 글자-둔기로 독자를 타격하는 감각적 충격이고, 관념으로서 그림자-탄환으로 의식을 꿰뚫는 존재의 충격이다. 그의 시를 온전히 해독하는 방법은 그 충격 속에서 우리 존재를 머물게 하는 인내이다. 그리하여 완수는 없다. 조금 감각적으로 표현하자면, 박헌규 시인은 자신의 귀와 눈과 손, 그리고 목소리의 쓰임새를 변경하려는 것이다. 그는 세상의 관습적 방식과는 다르게 듣고, 다르게 만지고, 다르게 본다. 그리고 다르게 말해보려 한다. 우리는 그의 시로부터 무엇을 획득할 것인가. 그것은 삶에 내던져진 존재라는 사실을 해석하는 투쟁이다. 우리가 확보하는 것은 존재의 진폭이다. 삶으로부터 죽음의 방향으로 쏘아진 존재라는 사건, 그 피투된 현기증 속에서 최대한의 높이와 바닥을 확인해 보려하는 몸부림이다.

| 박헌규 |

1982년 서울에서 출생하여 서울예술대학교 문예창작과를 졸업했다. 2007년 『현대시』로 등단했다. 2020년 경기문화재단 유망작가 창작지원 사업에 선정되었다.

이메일 : memoaddict@hanmail.net

메모중독자 ⓒ 박헌규 2020

초판 인쇄 · 2020년 6월 17일
초판 발행 · 2020년 6월 22일

지은이 · 박헌규
펴낸이 · 이선희
펴낸곳 · 한국문연

서울 서대문구 증가로 31길 39, 202호
출판등록 1988년 3월 3일 제3-188호
대표전화 302-2717 | 팩스 · 6442-6053
디지털 현대시 www.koreapoem.co.kr
이메일 koreapoem@hanmail.net

ISBN 978-89-6104-265-9 03810

값 10,000원

* 잘못된 책은 바꾸어 드립니다.

•이 책 내용의 전부 또는 일부를 재사용하려면 반드시 저작권자와 월간 현대시 양측의 동의를 받아야 합니다.
•이 도서의 국립중앙도서관 출판시도서목록(CIP)은 서지정보유통지원시스템 홈페이지 (http://seoji.nl.go.kr)와 국가자료공동목록시스템(http://www.nl.go.kr/kolisnet)에서 이용하실 수 있습니다. (CIP제어번호: CIP2020017060)